AF385623

L'ÉPISCOPAT

Biographie

DES ILLUSTRATIONS DU CLERGÉ

FRANÇAIS ET ÉTRANGER

S. S. PIE IX

Portrait gravé à l'eau-forte par MUZELLE

PARIS

DIRECTION : RUE D'ABOUKIR, 9

1878

1er Livraison.
Prix : 1 fr. 50.

S.S. PIE IX.

LE PAPE PIE IX

LE PAPE PIE IX

I

E 13 mai 1792, l'enfant qui devait être le Pape Pie IX naissait à Sinigaglia, dans les États de l'Église. C'était le quatrième fils du comte Jérôme Mastaï-Ferretti. L'enfant reçut au baptême les noms de Jean-Marie.

Les biographes nombreux du Pape abondent en détails gracieux sur son enfance; mais la place limitée dont je dispose ne me permet pas de m'attarder à leur suite, quelque regret que j'en aie. Je me bornerai donc à dire que Jean-Marie Mastaï-Ferretti, comme presque tous les hommes remarquables, a été formé par sa mère, femme aussi pieuse qu'intelligente. C'est d'elle qu'il a reçu cette profonde dévotion à la Vierge qui devait être la qualité dominante du Pape appelé à proclamer le plus beau privilége de la mère de Dieu.

En octobre 1797, un accident faillit enlever le jeune Jean-Marie. Il tomba dans un étang, et sans le dévouement d'un fidèle serviteur, du nom de Dominique Guidi, il était perdu. Jusque-là l'enfant était robuste. La secousse qu'il éprouva, atteignit profondément son tempérament ; il devint maladif, et cette faiblesse de santé qui persista longtemps, ne contribua pas peu à le vouer au service de Dieu en l'éloignant de la carrière militaire où l'appelaient les traditions de sa famille.

Deux ans après, l'enfant reçut une de ces impressions qui se gravent pour toujours dans la mémoire. Il entendit son père et sa mère pleurer sur Pie VI qui avait été enlevé de Rome et conduit en France. Avec leurs enfants, ils firent une ardente prière pour le Pape captif. Plus tard, le cinquième successeur de Pie VI, fugitif ou captif, a dû se souvenir de cette triste soirée qui avait porté le deuil dans tous les cœurs chrétiens.

En 1803, avant de quitter le palais paternel pour commencer ses études, Jean-Marie Mastaï fit sa première communion ; c'était le 2 février. L'année prochaine ramène le 75ᵉ anniversaire de cette première communion et déjà dans le monde catholique, il est question de le fêter par une de ces manifestations comme on en a vu pour le cinquantenaire d'Épiscopat du Pape. L'idée paraîtra audacieuse et même ridicule aux gens qui déjà depuis longtemps escomptent la mort du Pape. Mais les catholiques ont confiance, et ils se préparent pour le 75ᵉ anniversaire de la première communion de Pie IX,

comme, l'année dernière, ils se préparaient pour son cinquantenaire d'Épiscopat, alors que, de tous les côtés, on leur annonçait
que le Pape ne vivrait pas jusqu'au mois de juin.

Le comte et la comtesse Mastaï-Ferretti devaient songer aux
études de l'enfant bien-aimé qu'ils avaient gardé auprès d'eux
à cause de sa faible santé. Ils le confièrent aux Piaristes de
Volterra. Là, le jeune Jean-Marie Mastaï fut bientôt considéré
comme l'un des plus brillants élèves, et la princesse Bacciocchi,
sœur de l'Empereur Napoléon, ayant visité le collége, il fut
chargé de la haranguer. Ses études terminées, Jean-Marie
revint chez ses parents, avec une santé encore plus mauvaise.
Un jour l'on s'aperçut qu'il était sujet à des attaques d'épilepsie. Le jeune homme trouva dans sa foi la force de supporter
avec une chrétienne résignation ce coup affreux ; il y vit une
confirmation de sa vocation ecclésiastique, et en 1809 il reçut
la tonsure. C'était le premier pas vers le Sacerdoce, mais cela
ne l'engageait pas encore d'une manière irrévocable.

Cette même année 1809 fut marquée par la captivité d'un
nouveau Pontife. Comme Pie VI, Pie VII fut enlevé de Rome et
conduit à Savone, puis à Fontainebleau ; ce fut pour Jean-Marie
Mastaï une profonde douleur. Deux ans après, comme il se
trouvait à Milan, on lui offrit avec insistance d'entrer dans la
garde d'honneur de l'empereur Napoléon. Il refusa avec indignation, ne voulant pas servir un prince excommunié. C'est
donc par erreur qu'il a été raconté que Pie IX avait servi dans
les troupes françaises.

Je viens de parler de prince excommunié. L'empereur, en

apprenant que Pie VII avait lancé contre lui une bulle d'excom-
munication, disait en plaisantant : « Est-ce que cela fera tomber les armes des mains de mes soldats. » Il était alors à l'apo-
gée de sa puissance et allait épouser la fille de l'empereur
d'Autriche humilié. Trois ans après, le froid, suivant l'expres-
sion d'un historien, « faisait tomber les armes des mains des
soldats français, » et alors commençait cette série de revers
qui devait aboutir à Sainte-Hélène. La coïncidence est au
moins singulière.

Pendant la captivité de Pie VII, Jean-Marie Mastaï resta
dans sa famille, sa santé ne lui permettant pas d'aller à quelque
université. Il était à Sinigaglia lorsque Pie VII y passa, à son
retour de la captivité. Le jeune Jean-Marie lui fut présenté et
il le prit dans son cortége. Ce fut donc avec le Pape et au milieu
des fêtes les plus magnifiques, que Jean-Marie Mastaï entra à
Rome pour la première fois, le 24 mai 1814. Cette première
entrée dut revenir en mémoire au Pape Pie IX, lorsqu'après
l'exil de Gaëte, en 1850, il revint à Rome aux applaudissements
de ceux-là mêmes qui l'avaient forcé à fuir.

A Rome, Jean-Marie Mastaï reprit ses études ecclésiastiques. Ne pouvant, à cause de sa santé, entrer dans aucune des
institutions ouvertes aux jeunes étudiants ecclésiastiques, il
demeurait chez un de ses oncles, chanoine de Saint-Pierre, et
suivait les cours de diverses universités. Quant à ses moments de loisir, il les consacrait aux enfants de l'hospice Tatagiovanni.

On appelle ainsi un hospice fondé par un pauvre maçon du

nom de Jean Bonghi que l'on appelait familièrement Tatagiovanni, papa Jean. Ce maçon avait d'abord recueilli deux
enfants qui vaguaient par les rues; puis le nombre s'était aug-
menté, et lorsqu'il mourut en 1798, il laissait plus de 100
orphelins à l'hospice Tatagiovanni. Les œuvres de Dieu ne
tombent pas parce que le fondateur manque. L'hospice Tatagiovanni se soutint, et en 1814 il avait pour directeur le chanoine
Storace. Celui-ci connaissait le jeune comte Jean-Marie Mastaï;
il le mit au courant de son œuvre, et il s'acquit immédiatement
un auxiliaire précieux dont le concours bénévole ne lui fit jamais
défaut.

Cependant Jean-Marie Mastaï n'était pas encore définitive-
ment fixé sur sa vocation. Tout en faisant ses études ecclésiastiques et en donnant ses loisirs aux enfants de Tatagiovanni, il
se demandait parfois s'il était réellement appelé à la carrière
ecclésiastique. Dans un de ces moments de doute, il voulut se
faire inscrire parmi les gardes-nobles que recomposait le prince
Barberini, leur commandant. Celui-ci, le jugeant trop faible,
lui répondit par un refus, et il fallut l'intervention personnelle
du Pape Pie VII pour que le comte Jean-Marie Mastaï fût
inscrit. Il lui restait à attendre son tour.

Ce tour ne vint pas; Dieu l'appelait ailleurs, un événement
décisif le lui montra. Un soir qu'on l'avait vainement attendu
à Tatagiovanni, un cocher prévint le concierge qu'un jeune
homme était étendu près de la porte, les membres contractés,
et qu'il était urgent de le relever de crainte d'accident. C'était le
comte Jean-Marie Mastaï qui avait été surpris par une violente

attaque d'épilepsie. Il était sans connaissance ; on le porta à l'hospice où il reprit ses sens. Mais le lendemain, le prince Barberini rayait de la liste des gardes-nobles le candidat qu'il avait inscrit à son corps défendant.

Jean-Marie Mastaï était désolé ; une parole tombée de haut releva son courage. On a dit que Pie VII, qui peut-être devinait un de ses plus glorieux successeurs dans le pauvre étudiant épileptique, avait consolé le jeune homme et lui avait conseillé de s'adresser en toute confiance à sa puissante patronne, la Vierge Marie. Toujours est-il que Jean-Marie Mastaï partit plein de courage pour Lorette ; là il promit à la Vierge de se consacrer au service de son fils, si elle lui obtenait la santé, et une voix intérieure lui dit qu'il guérirait. Il prit la soutane comme indice de sa vocation ecclésiastique, et reçut les ordres mineurs le 5 janvier 1817, du cardinal della Genga, plus tard Léon XII. Lorsque, après une absence de deux mois, il revint à Rome, ce n'était plus le même homme : il était beaucoup plus fort, et les attaques d'épilepsie, d'abord plus rares et plus faibles, finirent par disparaître complétement.

Voilà les faits, tels qu'ils ont été racontés par le Pape Pie IX lui-même, longtemps après l'événement.

II

A son retour à Rome, le jeune Mastaï reprit ses études théologiques avec une nouvelle ardeur. En même temps, il se logeait
à l'hôpital Tatagiovanni et consacrait aux orphelins tout le temps
qui n'était pas pris par ses études. Sur la demande du chanoine
Storace, directeur de l'établissement, il en devenait le sous-directeur. Dans ces fonctions, qu'il occupa pendant sept ans,
non-seulement il déploya de remarquables talents administratifs,
mais encore il se dévoua aux orphelins qui, en reconnaissance,
lui vouèrent une affection sans bornes.

Le 18 décembre 1818, l'abbé Mastaï fut ordonné sous-diacre,
le 6 mars 1819 diacre et le 10 de la même année prêtre. Il lui
fallut, à cause de sa maladie, une dispense spéciale du souverain Pontife pour chacune des ordinations. Pour la prêtrise, il
n'obtint la dispense que sous la condition qu'il ne dirait pas la
messe sans être assisté par un second prêtre. Du reste, cette
condition fut bientôt levée. Dans une audience que lui accorda le
Pape, il lui assura que sa santé rendait la précaution inutile, et
il demanda qu'une clause pénible pour lui fût retirée. Pie VII
lui accorda sa demande en lui disant qu'il avait, comme lui,
« l'inébranlable espérance qu'à l'avenir le mal ne reparaîtrait
plus. » Et en effet, de ce jour-là, la maladie disparut.

L'abbé Mastaï célébra sa première messe le dimanche de
Pâques 1819. Les jeunes prêtres ordonnés à Rome choisis-

sent d'ordinaire pour cette première messe les sanctuaires les plus vénérés de Rome, Saint-Pierre, Saint-Jean-de-Latran; l'abbé Mastaï agit tout autrement; il choisit une obscure église, Sainte-Anne-des-Cordiers, parce que cette église était le sanctuaire des orphelins de Tatagiovanni. Il voulut célébrer pour eux sa première messe, à laquelle assistaient seulement, avec les orphelins, quelques amis du jeune prêtre.

Jusqu'au mois de juin 1823, l'abbé Mastaï resta avec les orphelins de Tatagiovanni. On montre encore dans l'hospice l'humble cellule qu'il occupait et qui lui servait en même temps de chambre à coucher et de salle de travail. L'ameublement se composait d'un lit, une table, un fauteuil et deux chaises. Il prenait ses repas avec les employés, et même, pendant les vacances, avec les orphelins. L'affection que ceux-ci avaient pour leur bienfaiteur se montra d'une manière bien vive lorsqu'ils le perdirent.

L'abbé Mastaï quittait les orphelins de Tatagiovanni pour aller remplir une mission lointaine et difficile. La Cour de Rome avait cru le moment favorable pour négocier un Concordat avec une des colonies de l'Amérique du Sud qui s'étaient déclarées indépendantes, le Chili. Les négociations devaient être difficiles, mais on avait des motifs sérieux d'espérer le succès, et l'exemple du Chili pouvait entraîner toutes les autres républiques. Un prélat romain, Mgr Muzi, auditeur à la nonciature de Vienne, fut choisi par Pie VII; il partait avec le titre de délégat apostolique. Il demanda comme auditeur l'abbé Mastaï, bien jeune pour une semblable mission; mais le Pape et son ministre, le cardinal Della Genga, qui appréciaient le mérite de l'abbé Mastaï, donnèrent leur consentement.

Je n'ai pas ici à raconter les divers épisodes de cette légation très curieuse et peu connue; il suffira de dire que Mgr Muzi n'eut qu'à se louer de son auditeur, qui lui rendit de grands services dans des circonstances difficiles. Le délégat n'hésita pas à l'envoyer seul au Pérou, où l'on disait le gouvernement bien disposé, et si un concordat ne fut signé, ni avec le Pérou, ni avec le Chili, la faute ne fut pas à l'abbé Mastaï, qui déploya les qualités d'un habile négociateur, en même temps qu'il se fit aimer partout, même des gens les plus prévenus, par sa charité. Par deux fois, dans la traversée de Majorque à Buenos-Ayres et dans celle du Chili au Pérou, l'abbé Mastaï courut de grands dangers; un moment, on crut même le navire perdu; mais Dieu, qui l'appelait à une haute mission, le protégea, ainsi que ses compagnons de voyage. On a remarqué que Pie IX est le premier pape qui ait vu l'Amérique; il s'est souvenu de ce voyage lorsque, à la demande du gouvernement des États-Unis, il a créé le premier cardinal américain, Mgr Mac-Closkey, archevêque de New-York.

Je dois mentionner ici, ne fût-ce que pour le démentir, un bruit souvent répandu et qui a trouvé place dans de nombreuses biographies du Pape. On a prétendu que, pendant sa mission en Amérique, l'abbé Mastaï s'était fait recevoir franc-maçon. Outre que, prêtre plein de zèle, il ne serait pas entré dans une association formellement condamnée par l'Église à plusieurs reprises, Pie IX a démenti ce bruit dans une allocution consistoriale prononcée en 1848; il a renouvelé les condamnations déjà portées par ses prédécesseurs contre la franc-maçonnerie. Du reste, quand on a demandé une preuve de l'affiliation, il a été impossible de la fournir : aucune date, aucun renseignement précis n'a été donné. Une seule fois, il a été dit que l'abbé Mastaï avait été reçu franc-maçon dans une loge de New-York en 1824; or, l'abbé Mastaï n'a jamais paru dans l'Amérique du Nord. Cela n'empêchera pas le fait de figurer, quoique controuvé, dans bien des écrivains.

La Cour romaine n'a jamais fait porter à ses agents la responsabilité des échecs qu'ils éprouvent, du moment qu'ils ont rempli en conscience leur mission. Quoiqu'ils ne rapportassent aucun Concordat, Mgr Muzi et l'abbé comte Mastaï furent parfaitement accueillis par Léon XII, qui avait succédé à Pie VII. L'abbé Mastaï fut nommé directeur du grand hospice apostolique de Saint-Michel. Son passage à Tatagiovanni l'avait prépréparé pour une direction de cette nature; il y montra la même charité qu'à Tatagiovanni, et en même temps il fit preuve de remarquables talents comme administrateur. Ce vaste établissement comprenait un orphelinat de garçons, un orphelinat de filles, une maison de retraite pour les vieillards, un asile pour les filles repenties, une maison de correction pour les jeunes détenus, une prison pour les criminels d'État. La charge était lourde, mais l'abbé Mastaï la remplit de manière à mériter l'approbation générale; il réorganisa l'administration et y fit des réformes qui ont subsisté jusqu'à ces derniers temps. Et cela fut fait en deux ans.

III

Le 21 mai 1827, Mgr Mastaï — il était prélat domestique —
fut appelé à l'achevêché de Spolète. Cette nomination, qui l'é-
loignait de Rome, a été parfois présentée comme une disgràce
motivée par ses idées libérales. On oubliait que Spolète était la
patrie de Léon XII, qui l'avait érigée en archevêché, et que ce
Pape n'aurait pas donné pour archevêque à sa ville natale un
prélat qui aurait mérité sa défaveur. S'il fit de Mgr Mastaï l'archevêque de Spolète, c'est qu'il ne croyait pouvoir confier ses
compatriotes à de meilleures mains. L'événement prouva qu'il
ne se trompait pas.

Le nouvel archevêque se rappela ses orphelins de Tatagiovanni, toujours chers à son cœur. Ce fut au milieu d'eux qu'il
passa la soirée de sa préconisation. Ce fut pour eux que, le
lendemain de son sacre, il dit la messe dans cette pauvre église
de Sainte-Anne-des-Cordiers où déjà il avait, jeune prêtre,
célébré ses trois premières messes. Mgr Mastaï fut sacré le jour
de la Pentecôte de l'année 1827; le prélat consécrateur était le
cardinal Castiglioni, plus tard le Pape Pie VIII. Le cinquantenaire du sacre de Pie IX a été célébré cette année par tout
l'univers catholique. C'était la première fois que le fait se produisait, et la fête a eu un retentissement qui dure encore.

A Spolète, Mgr Mastaï succédait à un prélat âgé qui lui
avait laissé beaucoup à faire; il avait dès cette époque une

admirable faculté : il savait rappeler à leurs devoirs ceux qui s'étaient relâchés, tout en se faisant aimer d'eux. Il préchait si bien d'exemple, il présentait ses observations avec tant de bonté, il dissimulait si bien la fermeté sous la charité, qu'on obéissait sans regret, alors même que l'obéissance devait coûter le plus. Comment résister aux conseils d'un prélat qui ne gardait rien pour lui, qui s'endettait pour soutenir les œuvres diocésaines ou pour venir en aide aux malheureux? Avant son départ de Rome, il avait emprunté une somme assez forte à un avocat romain. Ayant par grand hasard avant l'échéance la somme nécessaire pour un des paiements, il invita son créancier à venir la toucher au plus tôt, par ce que « plus il gardait l'argent et plus l'argent courait le risque d'être donné aux indigents qui l'entouraient. » Le créancier ne se pressa pas, et lorsqu'il vint, deux mois plus tard, une partie de la somme était distribuée.

L'Archevêque de Spolète avait conservé la même frugalité et la même simplicité que le sous-directeur de Tatagiovanni. On sait qu'il en est de même du Pape, dont la frugalité et la simplicité sont dignes d'un anachorète. Outre les œuvres de charité, il n'avait qu'un luxe : le service divin pour lequel rien ne lui semblait trop beau. Pie IX a conservé les goûts magnifiques de Mgr Mastaï, et malgré les agitations sans cesse renaissantes de son pontificat, malgré les spoliations dont il a été victime, il a enrichi Rome de monuments magnifiques et doté les églises d'œuvres d'art d'une grande valeur.

En 1829, l'archevêque de Spolète fut appelé à prononcer

dans sa cathédrale l'oraison funèbre de Léon XII. En faisant l'éloge du Pape défunt il indiquait comment il comprenait les devoirs de la Papauté. A ce titre, il est intéressant de reproduire quelques passages de ce discours peu connu. On pourra voir combien Pie IX a été fidèle au programme qu'il traçait, étant archevêque, alors que rien ne faisait prévoir sa future élévation.

« L'orgueil et l'ambition n'eurent sur lui (Léon XII) aucun empire. Il se tourna immédiatement vers Dieu, et Dieu lui montra la route qu'il devait suivre. Depuis, il ne connut d'autre guide de sa conduite que la justice ; il ne se proposa d'autre but que le salut des âmes ; il n'ambitionna d'autre récompense que le bonheur de faire un peu de bien. Dès le commencement de son pontificat, il prit la résolution de ne jamais redouter le qu'en dira-t-on ; il se renferma dans l'incorruptible droiture de ses sentiments, laissant à d'autres le soin de juger les apparences extérieures. Aussitôt après son exaltation, il convoqua autour de lui les cardinaux, les conjurant d'être, comme les gonds (*cardines*) à une porte, son soutien et sa parure... Semblable à Moïse, il s'efforçait de choisir des hommes selon le cœur de Dieu, qui, de concert avec lui n'eussent d'autre souci que de bien gouverner leurs peuples et de les rendre heureux. »

Les événements avaient marché et préparaient de difficiles moments à l'archevêque de Spolète. Le successeur de Léon XII, Pie VIII, n'avait fait que passer sur la chaire de saint Pierre ; Grégoire XVI avait été élu après un conclave très-long. La révolution de 1830 eut son contre-coup dans une grande partie de l'Europe ; les États pontificaux, travaillés par les sociétés secrètes, furent troublés; des désordres eurent lieu dans les Légations; ils s'étendirent à la Romagne et aux Marches. Par l'influence qu'il s'était acquise, Mgr Mastaï parvint à maintenir l'ordre à Spolète; il obtint le changement du délégat apostolique, contre lequel on élevait des plaintes nombreuses. Un moment la ville fut menacée. Quelques milliers de révoltés, poursuivis par les Autrichiens, s'y étaient refugiés pour essayer une défense impossible. Mgr Mastaï se rendit au camp du général autrichien qui, sur ses prières, consentit à suspendre sa marche. Puis, revenant à Spolète, le prélat obtint des révoltés qu'ils déposeraient leurs armes. Les troupes autrichiennes se retirèrent; la ville de Spolète échappait, grâce à son archevêque, aux horreurs d'une prise d'assaut. Le soir, les maisons furent illuminées et une manifestation eut lieu en l'honneur du prélat, qui racontait ainsi les événements dans une lettre datée du 15 juillet, oubliant à dessein de parler du rôle qu'il avait joué :

« L'affaire de Spolète est bien loin d'être aussi extraordinaire qu'on le dit. Ce matin, j'ai fait ouvrir les églises que j'avais fait fermer depuis le 11 de ce mois, et personne n'a osé se permettre d'en fracturer une porte. Puis, j'ai adressé la parole à tout ce monde affolé; tout s'est bien terminé et tout continuera à bien aller. »

C'est à Spolète, vers cette époque, que Mgr Mastaï aurait donné asile à un jeune prince compromis dans la Révolution de 1831, et qui devint plus tard Napoléon III. On sait que les deux fils de la reine Hortense, engagés dans les sociétés secrètes, prirent part au mouvement révolutionnaire. L'aîné mourut à Forli; le second, après la dispersion des insurgés, dut chercher son salut dans la fuite. Activement poursuivi, il était perdu, lorsqu'il rencontra un prêtre qui le recueillit chez lui et qui, à force d'instances, obtint de Grégoire XVI un passeport pour le jeune prince. Ce prêtre, c'était l'archevêque de Spolète; et le jeune prince, Louis-Napoléon Bonaparte, depuis Napoléon III.

Voilà les faits tels qu'ils ont été bien souvent racontés, sans être jamais démentis.

Après la guerre civile, Mgr Mastaï eut à lutter contre un autre fléau. Des tremblements de terre désolèrent l'Ombrie et surtout Spolète et ses environs. L'archevêque, toujours obéré, grâce à ses aumônes, trouva cependant, dans son inépuisable charité, les ressources nécessaires pour venir en aide à ses diocésains. Il avait déjà réparé bien des malheurs, lorsqu'il dut, à l'improviste, quitter Spolète. Grégoire XVI l'avait nommé archevêque-évêque d'Imola, au mois de décembre 1832.

Pourquoi ce changement subit? On l'a expliqué par l'anecdote suivante : Un fonctionnaire zélé avait dressé la liste des habitants de Spolète compromis dans les menées révolutionnaires; il la présenta à l'archevêque; celui-ci, après l'avoir lue, la jeta au feu et prévint les individus menacés, qui purent s'échapper. Le fonctionnaire se plaignit au Pape; l'archevêque fut vivement blâmé et son changement fut décidé. Mais l'anecdote est-elle vraie?

Du reste, l'anecdote serait vraie qu'il resterait à prouver que le transfert de Mgr Mastaï fût une disgrâce. Il passait d'un archevêché à un évêché, mais le siége d'Imola était plus important au double point de vue des revenus et des diocésains que le siége de Spolète, érigé récemment en archevêché et n'ayant pas de suffragant. Mgr Mastaï devenant, suivant l'usage, archevêque-évêque, conservait son titre archiépiscopal. Imola avait fourni de nombreux cardinaux et plusieurs papes, parmi lesquels·Pie VII. On est donc fondé, même en admettant l'acte de générosité peut-être imprudent de Mgr Mastaï, à nier que l'envoi à Imola ait été une disgrâce. Il faut ajouter que le diocèse d'Imola, situé en pleine Romagne, était d'une administration difficile, et Grégoire XVI et son ministre secrétaire d'État, le cardinal Bernetti, pouvaient espérer que Mgr Mastaï saurait y rétablir la tranquillité qu'il avait si bien maintenue à Spolète.

Quoi qu'il en soit, la douleur fut vive à Spolète, quand on apprit le départ de Mgr Mastaï. On fit même, pour le conserver, d'inutiles démarches. Au contraire, la joie fut grande à Imola où les qualités du nouvel évêque étaient déjà connues. Les espérances que la venue de Mgr Mastaï avait fait concevoir, ne tardèrent pas à se réaliser. Les troubles ne furent pas apaisés immédiatement, et il y eut même une violente émeute qui amena de nombreuses arrestations. Mais la douce influence du prélat finit par produire le même apaisement qu'à Spolète; il était l'évêque de tous, et son palais était comme un terrain neutre où les adversaires politiques se rencontraient et souvent se réconciliaient.

Sa charité n'était pas moins grande à Imola qu'à Spolète; ses revenus plus considérables lui permettaient de multiplier ses aumônes, et cependant ils étaient encore insuffisants pour sa générosité. Il lui arriva, se trouvant sans argent, de donner une pièce d'argenterie qu'il tenait de sa mère; une autre fois, il remit à un homme, qui avait besoin d'une somme de 15o francs, deux candélabres en argent.

Le siége d'Imola conduisait généralement au cardinalat; Mgr Mastaï fut en effet créé cardinal *in petto*, le 23 décembre 183g, et il fut proclamé le 14 décembre 184o. On a dit que cette création était bien tardive, et on a expliqué ce retard par les idées libérales de l'archevêque-évêque. On a rappelé et commenté ce propos plus ou moins authentique du cardinal Lambruschini, secrétaire d'État de Grégoire XVI après le cardinal Bernetti : « Dans la Maison des Mastaï, les chats eux-mêmes sont libéraux. » Cependant, quand il fut créé cardinal, Mgr Mastaï n'avait que 46 ans; s'il y a eu des cardinaux plus jeunes, ce n'est pas là un âge avancé pour la plus haute dignité de l'Église.

La mort de Grégoire XVI amena, en 1846, la réunion du conclave. Le cardinal Mastaï partit immédiatement pour Rome. On raconte qu'à Fossombrone, une colombe vint se poser sur sa voiture; la population battit des mains, en s'écriant : « *Vivat, vivat*, il sera Pape. »

Le conclave commença le 14 juin. Personne ne pensait au cardinal Mastaï, qui n'était guère connu à Rome. Les deux cardinaux qui passaient pour avoir les plus grandes chances étaient les cardinaux Lambruschini et Gizzi; le premier, minis-

tre de Grégoire XVI, représentait le même système de gouvernement ; le second était l'homme des libéraux. Comme cela
arrive souvent dans les conclaves, où, suivant un mot connu,
qui entre Pape sort cardinal, aucun ne fut nommé ; un moment
les voix parurent se porter sur le cardinal Falconieri, archevêque de Ravenne, qui refusa énergiquement et désigna au suf-
frage des cardinaux le cardinal Mastaï. Au quatrième tour de
scrutin, celui-ci, qui était scrutateur, proclama 36 fois son nom
sur 51 suffrages exprimés ; il était élu. Un moment, sous le
coup de l'émotion, il s'arrêta et demanda qu'on le remplaçât ;
on faillit se rendre à sa demande, mais on se souvint à temps
que le scrutin serait nul. Le cardinal Mastaï s'arrêta, et continua
le dépouillement du scrutin lorsqu'il eut repris des forces. Le
conclave n'avait duré que deux jours, du 14 au 16 juin ; c'est
un des plus courts qu'il y ait eus. Pour l'élection de Grégoire XVI, le conclave avait duré 50 jours.

Lorsque le cardinal-diacre, S. Em. Riario Sforza, mort il y a
quelques mois archevêque de Naples, vint, suivant le cérémo-
nial usité, annoncer que le Pape était le cardinal Mastaï, qui
prenait le nom de Pie IX, la foule resta muette ; personne ne
connaissait le nouveau Pape. Toutefois, dans un groupe, quelques voix s'écrièrent : « Vive Pie IX, le père des pauvres ! »
C'étaient des orphelins de Tatagiovanni qui n'avaient pas oublié
leur ancien bienfaiteur.

Avant de commencer l'histoire du Pape, un dernier trait qui
se rapporte à Imola. Le gonfalonier de cette ville était très
hostile au cardinal Mastaï, à cause des idées libérales qu'on lui

prêtait. Pour faire cesser cette inimitié, le cardinal demanda au gonfalonier à être parrain d'un de ses enfants ; il n'en obtint qu'un refus blessant. Dès qu'il eut été élu Pape, Pie IX renouvela sa demande, qui, cette fois, fut acceptée avec empressement.

IV

Le 16 juin, avant que son élection n'eût été annoncée au peuple, le cardinal Mastaï écrivait à ses frères qu'il avait plu à Dieu de l'élever à la plus haute dignité de ce monde. Il ajoutait qu'il « sentait lourdement peser sur ses épaules l'immense fardeau de cette nouvelle position. » Le « fardeau » était lourd en effet, et devait peser sur le doux Pontife. Toutefois, les commencements furent doux au cœur du Pape. Si, le 17 juin, quand Pie IX fut proclamé, la population romaine, qui le connaissait peu, resta silencieuse, cette froideur ne dura pas. Dès le couronnement, le 21 juin, le nouveau Pape était connu et apprécié. Les anciens orphelins de Tatagiovanni avaient parlé ; des renseignements étaient venus de Spolète et d'Imola ; de plus, on avait appris que le cardinal Mastaï était opposé au groupe qui voulait continuer le système de Grégoire XVI. Ce dernier point, plus que la bonne grâce du Pape, plus que sa charité, dont il donna immédiatement des preuves, plus que toute autre considération, lui assura une immense popularité ; et les fêtes du couronnement, par l'enthousiasme de Rome, furent les plus belles qu'on eût vues depuis longtemps.

Raconter en détail le pontificat de Pie IX, le plus long et l'un des plus agités qu'ait enregistrés l'histoire, me serait impossible ; il me faudrait faire l'histoire de l'Europe pendant les 30 dernières années. Je me bornerai donc forcément à quelques faits principaux ; je le ferai d'autant mieux que la vie du Pape est aussi connue que l'est peu la vie du comte Mastaï jusqu'à son élection. C'est pour cela que je me suis étendu de préférence sur cette première partie.

Il est d'usage que l'avénement de chaque Pape soit marqué par un jubilé et par une amnistie. Le sévère Grégoire XVI, menacé par la Révolution, avait accordé l'amnistie, mais avec certaines réserves ; Pie IX devait faire plus : le 17 juillet, dans la soirée, était affiché le décret d'amnistie, qui n'excluait aucun condamné politique et n'imposait aucune condition.

« Nous n'avons pu nous défendre d'un sentiment de tristesse, disait le Pape, en pensant qu'un grand nombre de familles n'avaient pu prendre leur part à la joie commune parce qu'elles pleurent des fautes que quelques-uns de leurs parents ont pu commettre, soit contre la société, soit contre les droits sacrés du souverain légitime.

« C'est pourquoi nous voulons regarder d'un œil de miséricorde ces pauvres jeunes gens inexpérimentés qui, entraînés dans les troubles politiques, ont été aveuglés par des espérances chimériques, et qui sont plutôt des victimes que des conspirateurs.

« Nous devons donc, dans notre amour pour la paix, tendre une main secourable à ces enfants égarés s'ils veulent se montrer sincèrement repentants. »

Et le Saint-Père terminait en exprimant l'espoir que les condamnés amnistiés resteraient fidèles, et qu'ils lui éviteraient « l'immense douleur de se rappeler que, si la clémence est le plus doux attribut de la souveraine puissance, la justice en est le plus beau devoir. » On sait ce qu'il est advenu de ces espérances.

Pie IX avait décidé l'amnistie malgré les oppositions. Les diplomates étrangers avaient fait des observations. Le collége des cardinaux, consulté, s'était prononcé par de nombreuses boules noires, mais le Pape avait fait disparaître ces boules noires en couvrant l'urne de sa calotte blanche.

La première nouvelle de l'amnistie causa un immense enthousiasme, et dès le soir même il y eut une manifestation suivie de plusieurs autres. Pie IX ne pouvait pas faire une sortie soit dans la ville, soit dans les campagnes, sans recevoir une ovation. Lui-même s'en plaignait doucement et priait ses fidèles Romains de ne pas multiplier ainsi les manifestations.

La nomination du cardinal secrétaire d'État augmenta encore l'enthousiasme : le Pape avait choisi le cardinal Gizzi, celui que les partisans des réformes saluaient comme le futur Pape, au moment de la réunion du Conclave; la nomination du cardinal Gizzi fut suivie de la constitution d'un conseil des ministres, de la suppression des tribunaux militaires des Romagnes, de l'organisation à Bologne d'une garde civique, ce qui présageait la même organisation à Rome, etc. Le cardinal s'opposait à cette dernière mesure; il finit par céder, mais le décret d'organisation signé, il se retira, emportant les malédictions de ceux-là mêmes qui lui avaient prodigué les acclamations. Le cardinal Ferretti lui succéda.

En apparence tout allait bien ; le Pape ne pouvait se montrer sans être acclamé ; et cependant déjà on devinait les difficultés. On acclamait Pie IX plus que le Pape ; on lui faisait comprendre par certains rapprochements qu'on attendait de lui des mesures contre les jésuites et contre certains cardinaux qui formaient le parti des *noirs* et qu'on accusait de conspirer. Pie IX se plaignit en termes mesurés ; on ne tint aucun compte de ses plaintes, et les cardinaux menacés, Lambruschini, Grassellini, durent quitter la ville.

Les réformes, du reste, ne s'arrêtaient pas. Une espèce de représentation nationale était constituée sous le nom de Consulte d'État ; elle se composait d'un cardinal président, le cardinal Antonelli, d'un prélat vice-président et de vingt-quatre membres élus. La Consulte d'Etat se réunit le 17 novembre 1846 ; son premier acte fut le vote d'une adresse de remerciements au Pape ; Pie IX accueillit les délégués avec bienvellance ; mais il les prémunît contre une illusion qu'ils avaient laissé voir, en leur traçant les limites de leurs attributions et en déclarant qu'il ne fallait pas voir dans la Consulte d'État le germe d'une institution incompatible avec la souveraineté pontificale. Vers la même époque, le Pape se voyait obligé de protester contre la joie que les libéraux romains avaient montrée en apprenant la défaite des catholiques du Sonderbund, et il témoignait sa confiance aux jésuites qu'on venait de lui dénoncer calomnieusement.

L'année 1848 s'ouvrit par une manifestation des plus graves
qui impressionna profondément le Pape. Usé, comme le cardinal Gizzi, le cardinal Ferretti se retira ; comme son prédécesseur, il était maudit. Le cardinal Bofondi, son successeur, nommé le 6 février, fit place cinq jours après, à
un ministère comptant trois membres laïques. Pie IX avait
la main forcée, car il avait toujours entendu maintenir « la puissance spirituelle. » Bientôt, le ministère devint exclusivement
laïque, sauf pour un de ses membres, qui devait appartenir au
Sacré-Collége, et la Consulte d'État fit place à un Parlement
composé de deux Chambres. De nouveau le cri de : *Evviva
Pio nono !* retentit, mais ce fut pour bien peu de temps.

Au ministère Minghetti succéda le ministère Mamiani, plus
accentué encore. Pie IX dut inviter les jésuites à partir, parce
qu'il se sentait incapable de les protéger. On voulut lui imposer
la guerre contre l'Autriche, mais le vicaire de Jésus-Christ, père
commun des fidèles, ne pouvait faire la guerre à une nation catholique. Si, forcé par une espèce d'émeute, Pie IX laissa partir le général Durando avec 12,000 hommes, ce fut après lui
avoir prescrit de se tenir sur la défensive. Mais le général Durando passa outre ; il envahit les provinces italiennes de l'Autriche, annonçant dans une proclamation que le Pape avait proclamé sainte la guerre contre les barbares oppresseurs de l'I-
talie. Pie IX protesta, et dans une allocution qui eut un grand
retentissement, il déclara qu'on avait désobéi à ses ordres : cela
n'arrêta ni le général Durando, ni le ministre Mamiani ; celui-ci,
à la réunion de la Chambre des députés le 9 juin, fit le discours

d'ouverture, malgré la défense du Pape. Il exposa son programme qui reléguait le Souverain Pontife dans la haute sphère de son autorité spirituelle, et il ne craignit pas d'affirmer que le Pape lui-même avait prescrit au général Durando de se placer sous les ordres de Charles-Albert.

C'était trop d'audace; le Pape protesta quand les députés lui présentèrent leur réponse au discours Mamiani. De cette réponse, il n'accepta que la partie qui n'était pas contraire au Statut fondamental. Il renouvela sa déclaration contre la guerre. Le comte Mamiani fut renvoyé, les Chambres furent prorogées, et le comte Pellegrino Rossi prit la direction d'un ministère de résistance, le 15 septembre. Les victoires de l'Autriche en Lombardie purent faciliter son œuvre.

Le comte Rossi avait entamé résolument la lutte; il commença par rétablir un peu d'ordre dans les villes et dans les campagnes où, grâce aux difficultés politiques, les crimes se multipliaient et restaient impunis. Ancien Carbonaro, il avait été obligé de quitter l'Italie, et s'était établi professeur à Genève. M. Guizot l'avait appelé à Paris et en avait fait un pair de France, puis un ambassadeur à Rome. La révolution de février 1848 lui ayait enlevé son poste, et il s'était mis à la disposition du Pape, dont il disait que la cause était celle de Dieu. Cet adversaire gênait les révolutionnaires, ils s'en débarrassèrent par un assassinat. Rossi, qui avait été prévenu, mais qui bravait le péril, fut frappé mortellement le 15 novembre 1848, au moment où il se rendait à la Chambre des députés. La Chambre ne suspendit même pas la séance quand son président, un

Canino, fils de Lucien Bonaparte, lui annonça l'assassinat.

La mort de Rossi livrait Pie IX aux révolutionnaires. Dès le lendemain, une manifestation provoquée par Mamiani exigeait du Pape la guerre contre l'Autriche et la convocation d'une Constituante. Des coups de fusil furent tirés sur le Quirinal. Mgr Palma, secrétaire du Pape, fut tué dans l'antichambre. Pour éviter l'effusion du sang, Pie IX, après avoir protesté devant le corps diplomatique, laissa faire; seulement, pour bien établir que « prisonnier, dans sa propre demeure, » il demeurait étranger à ce qui se ferait, il exigea que son nom fût supprimé dans les formules ordinaires des actes administratifs.

Pie IX hésitait sur ce qu'il avait à faire, lorsqu'il reçut de Mgr Lyonnet, alors évêque de Valence, la custode dans laquelle le pape Pie VI portait la sainte Eucharistie pendant son exil. Cet envoi, fait le 15 novembre, le jour de l'assassinat de Rossi, fut pour la Pape un trait de lumière et décida son départ. Ce fut le 24 novembre que Pie IX put s'échapper, grâce au dévouement du duc d'Harcourt, ambassadeur de France, et du comte de Spaur, ministre de Bavière, et de sa femme, une Française. Le roi de Naples, Ferdinand II, offrit au Pape, à Gaëte, une hospitalité digne de l'illustre fugitif.

Je n'ai pas à faire l'histoire de la République Romaine qui fut proclamée après d'inutiles tentatives pour faire revenir le Pape. Celui-ci, dans un *Motu proprio*, avait déclaré la Chambre dissoute et le ministère révoqué; il ne pouvait revenir qu'autant qu'il serait obéi. Il ne le fut pas et bientôt Mazzini fut un des triumvirs appelés à remplacer le vicaire de Jésus-Christ dans son autorité sur la ville éternelle.

Pie IX, de Gaëte, avait fait aux puissances catholiques un appel qui fut entendu. Les Autrichiens, vainqueurs de Charles-Albert, à Novare, menaçaient la République Romaine, au nord; le roi de Naples l'attaquait au sud; l'Espagne envoyait un corps de troupes qui occupa Terracine; une armée française, sous les ordres du général Oudinot, fit le siége de Rome et s'en empara le 3 juillet 1869, mettant fin à l'existence troublée de la République Romaine.

V

Pie IX ne rentra à Rome qu'au printemps de l'année suivante. Le prince Louis-Napoléon, président de la République Française, dans une lettre adressée à son aide-de-camp, le colonel Edgar Ney, prétendait poser au Pape des conditions que celui-ci ne pouvait accepter. Les conditions furent retirées. Dans un *Motu proprio*, daté de Gaëte, Pie IX, supprimant une partie des réformes dont on avait abusé contre lui, maintint celles qui assuraient la bonne administration du pays. On a violemment attaqué l'administration pontificale; mais elle a été justifiée de ces attaques par des travaux sérieux parmi lesquels on remarque surtout un mémoire d'un diplomate français, M. de Rayneval, dont l'histoire est assez curieuse. Le mémoire était

resté enfoui dans les cartons du Ministère des Affaires étrangères. A une certaine époque, le gouvernement anglais, se faisant l'écho d'accusations passionnées, se plaignit au gouvernement impérial de l'administration pontificale. Le ministre
français répondit en donnant communication du mémoire de
M. de Rayneval, que le gouvernement anglais, mécontent
d'avoir été pris pour dupe, s'empressa de publier.

Pie IX quitta Gaëte pour rentrer à Rome le 4 avril 1850. Le
roi de Naples accompagna le Pape jusqu'à la frontière, ne ces-
sant de lui prodiguer les témoignages du plus profond respect.
Ainsi le roi Ferdinand portait toujours, sur son costume militaire, le hausse-col, et comme le Pape lui en demandait la raison, il répondit qu'il se considérait toujours comme de service
près de Sa Sainteté. La rentrée de Pie IX dans les États
Romains rappelait et même dépassait les ovations des premiers
temps de son pontificat; les témoignages d'affection n'étaient
pas moindres et l'on n'avait pas d'arrière-pensée à craindre. Le
Pape entra à Rome, le 12 avril; le général Baraguay-d'Hilliers,
commandant du corps français d'occupation, accompagnait à
cheval le Souverain Pontife.

De 1850 à 1859, il y eut pour le Pape quelques années de
paix, dont profitèrent les habitants des États Pontificaux. Ces
années furent mises à profit pour réparer les désastres causés
par la République Romaine. Le nom du cardinal Antonelli,
principal ministre du Pape, est attaché à cette œuvre de répa-
ration qui est due en grande partie à son habileté. Sans les événements de 1859, l'énorme déficit causé par l'administration

républicaine, qui avait multiplié les spoliations, les emprunts et les assignats, serait éteint.

Dans ces années de repos, quelques faits seulement sont à signaler : le rétablissement de la hiérarchie en Angleterre et en Hollande, la proclamation du dogme de l'Immaculée-Conception, le danger couru par le Pape à Sainte-Agnès.

Depuis plusieurs siècles la hiérarchie catholique avait cessé en Angleterre. Le nombre des catholiques se multipliant, à mesure que la persécution devenait moins violente, des préfets apostoliques avaient été établis. De son autorité privée, après avoir consulté ses ministres, Pie IX rétablit la hiérarchie ; il fit de toute l'Angleterre une province ecclésiastique, ayant Westminster pour métropole et comptant 13 évêchés. Le premier titulaire de l'archevêché de Westminter fut Mgr Wiseman, qui fut en même temps élevé au cardinalat. L'entreprise était hardie ; il existait encore en Angleterre bien des préjugés contre les catholiques, et la création de 14 diocèses causa une vive émotion. Des meetings furent organisés contre les catholiques ; un bill fut voté qui interdisait à tout Anglais de porter le titre épiscopal d'une ville d'Angleterre ; un mannequin représentant l'illustre cardinal Wiseman fut traîné dans les rues de Londres et brûlé. A la vue de cette explosion de haine, certains catholiques timorés blâmaient le souverain Pontife. Pie IX et le cardinal Wiseman laissaient dire et faire ; tout ce beau feu se calma. Aujourd'hui les évêques catholiques sont acceptés ; les Anglais sont fiers du cardinal Wiseman et de son successeur le cardinal Manning, un converti ; et grâce au rétablissement de la hiérar-

chie, le nombre des catholiques s'est accru dans une propor-
tion inespérée. Il en a été de même en Hollande, où le rétablissement de la province ecclésiastique d'Utrech avait causé
une aussi vive émotion qu'en Angleterre. On annonce maintenant que la hiérarchie catholique va être également rétablie en
Ecosse où elle a été supprimée au seizième siècle.

La proclamation du dogme de l'Immaculée-Conception, le
8 décembre 1854, est avec le concile du Vatican, le plus grand
acte du pontificat de Pie IX. C'est pendant son exil à Gaëte que
le Pape songea à définir la plus glorieuse prérogative de la Mère
de Dieu. Il demanda l'avis de tous les évêques de la chrétienté,
non pas sur le dogme en lui-même qui est appuyé sur la tradi-
tion constante de l'Église, mais sur l'opportunité de la définition. Le plupart des évêques se prononcèrent pour l'opportunité. Décidé par ces réponses, le Pape invita les évêques à se
rendre à Rome pour la proclamation, à laquelle il voulait donner la plus grande solennité. Il en vint plus de deux cents.
C'était la plus nombreuse et la plus imposante réunion d'évêques qu'on ait vue depuis longtemps à Rome. On n'avait pas
encore eu le concile du Vatican.

Le 8 décembre 1854, devant tous les évêques et devant la
multitude des fidèles qui remplissaient l'immense église de Saint-
Pierre, le Pape prononça, d'une voix entrecoupée par l'émotion, la définition suivante :

« En vertu de l'autorité de Notre-Seigneur Jésus-Christ, des
apôtres Pierre et Paul, et de la Nôtre, nous déclarons et défi-
nissons que la doctrine qui enseigne que la bienheureuse Vierge

Marie, par une grâce singulière du Dieu tout-puissant, et en vue des mérites de Jésus-Christ, Sauveur du genre humain, a été préservée et entièrement exempte dès le premier instant de sa conception de toute tache du péché originel, est une doctrine révélée de Dieu, et que tous les fidèles doivent s'y attacher et la professer du fond du cœur. »

Ce qu'il faut remarquer dans cette définition, comme dans la bulle *Ineffabilis*, c'est que le Pape, quoiqu'il ait consulté les évêques, ne parle pas de leur assentiment; c'est en vertu de son autorité qu'il définit le dogme de l'Immaculée-Conception. Il affirmait ainsi l'infaillibilité pontificale qu'il devait définir après le concile du Vatican. Et aucune réclamation ne s'éleva. Dans tout l'univers chrétien, la proclamation de l'Immaculée-Conception fut accueillie avec bonheur.

Le 12 avril 1855, Pie IX s'était rendu à l'église de Sainte-Agnès ; il était dans le parloir du presbytère avec plusieurs cardinaux et évêques et se disposait à partir, lorsqu'on vint lui demander de recevoir les élèves de la Propagande qui seraient heureux de recevoir sa bénédiction. Le Pape consentit avec sa bonté ordinaire, et les élèves entrèrent au nombre d'une centaine. Immédiatement la salle s'effondra, et tous les assistants se trouvèrent ensevelis sous les décombres. L'inquiétude était grande sur le sort du Pape, lorsque sa voix vint rassurer les personnes qui avaient échappé à l'accident. On s'empressa de le dégager ; il n'avait aucun mal. On s'occupa ensuite des autres personnes, et chose merveilleuse, sur peut-être 120 personnes, aucune ne fut tuée ni même blessée grièvement. Dans cette circonstance qui aurait pu être si douloureuse, Pie IX reçut d'innombrables témoignages d'affection de la part des Romains, qui maintenant encore n'oublient pas de célébrer l'anniversaire de la préservation miraculeuse du Pape et de ses compagnons.

VI

Depuis la chute de la République romaine, un corps français d'occupation était resté à Rome ; grâce au rétablissement de l'ordre, il devenait inutile, et le Pape en avait prévenu le gouvernement français, lorsque la guerre de 1859 mit fin au repos dont jouissaient les États de l'Église, et ouvrit pour le Saint-Père une nouvelle et plus douloureuse série d'épreuves.

Pendant la campagne d'Italie, le prince Napoléon qui commandait un corps d'armée, entra sur le territoire pontifical qui était neutre, et s'occupa activement de préparer dans les Romagnes un mouvement contre le souverain Pontife ; il travaillait ainsi pour son beau-père. Il réussit, et lorsque la paix de Zurich fut signée, l'empereur Napoléon, dont le fils avait cependant Pie IX pour parrain, n'osa pas forcer le roi de Sardaigne à évacuer les Romagnes. Le Pape, abandonné de tous, excommunia les usurpateurs que cela n'arrêta pas. Cette première usurpation fut bientôt suivie d'une autre, faite dans des conditions plus odieuses. Sans déclaration de guerre, une armée sarde, commandée par les généraux Fanti et Cialdini, envahit les États pontificaux. Lamoricière, qui avait commencé à former une petite armée pour défendre le Saint-Siége, ne put arrêter les envahisseurs; ses héroïques soldats, pour la plupart Français, furent écrasés à Castelfidardo, le 18 septembre 1860, et lui-même fut obligé de capituler dans Ancône. Il ne restait plus au Saint-Père que Rome et ses environs, sur lesquels flottait le drapeau français.

La fête de la Pentecôte de l'année 1862 fut pour l'Église un vrai triomphe et apporta au souverain Pontife de grandes consolations. 26 martyrs Japonais et le bienheureux Michel de Sanctis devaient être canonisés, et Pie IX avait invité les évêques aux fêtes de la canonisation. Ils vinrent au nombre de trois cents, plus nombreux encore que pour la proclamation du dogme de l'Immaculée-Conception. Le 9 juin, le Pape prononça une allocution dans laquelle il rappela les erreurs de notre époque. Les évêques répondirent par une adresse, où ils disaient au Pape qu'il était « le maître de la saine doctrine, le centre de l'unité, la lumière indéfectible préparée par la divine sagesse. » Ils affirmaient la nécessité de la souveraineté temporelle et condamnaient les spoliations dont l'Église avait souffert.

Deux ans plus tard, le 8 décembre 1864, dix ans après la définition de l'Immaculée-Conception, Pie IX publia l'encyclique *Quanta cura* et le *syllabus* à l'occasion duquel on a tant déraisonné. Ce syllabus n'est pas autre chose que le recueil de 80 erreurs condamnées par le Pape en diverses circonstances.

L'année 1867 fut marquée par la célébration du huitième

centenaire du martyre de saint Pierre sous Néron, l'an 67 de l'ère chrétienne. Lorsque Pie IX annonça la résolution de célébrer ce centenaire avec une solennité inacoutumée et invita tous les évêques à se rendre à Rome pour cette fête, la situation était menaçante. L'année précédente, la Prusse avait écrasé l'Autriche à Sadowa ; le résultat de cette victoire avait été l'acquisition de la Vénétie par Victor-Emmanuel qui se trouvait maître de toute l'Italie, sauf Rome et le petit territoire laissé au Pape. Ce succès obtenu, malgré les deux défaites de Custozza et de Lissa, avait eu pour résultat naturel d'augmenter les convoitises des unitaires Italiens relatives à Rome ; un vote du Parlement, vote unique dans l'histoire, avait proclamé Rome capitale de l'Italie. D'autre part, une rupture était inévitable entre la France et la Prusse. Dans cette situation, alors que le Saint-Siége n'était pas humainement sûr du lendemain, on s'étonna de voir le Pape annoncer le centenaire et inviter les évêques, alors qu'à l'époque fixée, l'Europe pouvait être en feu. Mais Pie IX avait confiance, et sa confiance ne fut pas trompée.

Ce qui augmentait les dangers de la situation, c'est que la ville de Rome avait été évacuée par les troupes françaises. La France avait cessé de monter au Vatican la garde qu'elle montait depuis une quinzaine d'années. La convention du 15 septembre 1864 signée entre l'empereur Napoléon et le roi Victor-Emmanuel, sans même que le Pape en eût été prévenu par le premier, stipulait que, sous certaines garanties données ou plutôt promises par le gouvernement italien, la France retirerait ses troupes. On mettait seulement à la disposition du Pape une légion française composée de volontaires et dite : Légion d'Antibes, du lieu de sa formation. Sauf peut-être l'empereur Napoléon, personne n'avait confiance dans les promesses de Victor-Emmanuel, et le Pape qui savait par expérience ce que valaient ses promesses, y croyait moins que personne.

Plaçant sa confiance plus haut, le Pape passa outre ; l'événement lui donna raison. Les évêques se rendirent en foule à l'invitation du Pape ; on en comptait environ cinq cents aux fêtes du centenaire, et les prélats français étaient peut-être relativement les plus nombreux. Cet empressement des évêques à se ranger autour du successeur de Pierre menacé doit être signalé ; à mesure que les dangers augmentaient et approchaient, l'empressement redoublait. En 1854, pour la proclamation du dogme de l'Immaculée-Conception, le Pape put compter autour de lui deux cents évêques ; en 1863, pour la canonisation des martyrs japonais, il put en compter trois cents ; aux fêtes du centenaire, ils étaient cinq cents. Cela préparait et présageait les huit cents évêques du concile.

Les fêtes furent magnifiques. En voyant ces belles solennités, la pensée se reportait au martyre de saint Pierre dont on célébrait le dix-huitième centenaire. Quel contraste ! Alors Néron régnait et sa volonté faisait loi ; tout était à la discrétion de César : la fortune, la vie, l'honneur d'une partie du genre humain. Deux pauvres Juifs, disciples d'un obscur crucifié, osaient prêcher la folie de la croix et dire qu'il valait mieux obéir à Dieu qu'à César. Ils payèrent leur audace de leur vie ;

le plus vieux, Pierre, fut crucifié, la tête en bas ; le plus jeune, Paul, dut à son titre de citoyen romain l'honneur de la décapitation. Cesar croyait bien en finir avec cette folie de la croix, mais elle persista, et elle finit même, après les plus sanglantes persécutions, par s'asseoir sur le trône des Césars avec Constantin. Après dix-huit siècles, elle s'étendait sur tout l'univers, et cette même Rome, où régnait Néron, était sous le paternel gouvernement de Pie, le successeur de Pierre.

Le Pape lui-même parla de ce contraste, et en tira une leçon qu'on n'a pas voulu comprendre. « Les ennemis de la religion, disait-il dans sa belle allocution du 26 juin, comprendront bien maintenant combien sont grandes la force et la vie de cette Église catholique qu'ils poursuivent sans cesse de leur haine; ils reconnaîtront combien est vain et mensonger le reproche qu'ils adressent à l'Église d'être épuisée et d'avoir fini son temps ; ils comprendront combien ils sont mal avisés de mettre leur confiance dans leurs entreprises; il est impossible de briser une réunion de forces semblable à celle que possède l'Église catholique, fondée par Jésus-Christ sur le rocher de la confession du prince des apôtres. »

En même temps qu'il avait célébré le centenaire du martyre de saint Pierre, le Pape avait procédé à la canonisation de plusieurs saints, parmi lesquels une humble bergère française, sainte Germaine Cousin, les 19 martyrs de Gorcum, et un inquisiteur, saint Pierre d'Arbues, assassiné en haine de la foi. Canoniser en plein dix-neuvième siècle des prêtres catholiques assassinés par des protestants et surtout un inquisiteur, c'é·

tait hardi. Mais Pie IX captif a eu bien d'autres hardiesses.

Le 26 juin, le Pape parlait des « ennemis de l'Église ». Ces ennemis se préparaient alors à une action qui, dans leurs intentions, devait être décisive. Dès le mois de septembre, des bruits alarmants circulaient partout; on annonçait une tentative de Garibaldi, avec l'appui ou au moins la tolérance du gouvernement de Florence. Une première fois, peut-être sur des observations du gouvernement français, Garibaldi arrêté à Asinalunga, dut ajourner ses projets. Mais l'occasion était trop favorable pour la laisser échapper. Depuis le départ des troupes françaises, le général Kanzler, pro-ministre des armes, s'occupait activement de constituer une armée solide; il ne fallait pas lui en laisser le temps.

Des patriotes avaient été envoyés pour préparer l'invasion des garibaldiens, en fomentant des troubles. Ils échouèrent, mais l'invasion n'eut pas moins lieu et cette fois personne n'arrêta Garibaldi. Des troupes piémontaises se massèrent ensuite à la frontière; on pouvait croire qu'elles étaient là plutôt pour soutenir les envahisseurs que pour les arrêter.

La petite armée pontificale et la Légion d'Antibes firent des prodiges de valeur et d'activité; quoique partout supérieurs en nombre, les garibaldiens furent battus dans toutes les rencontres; ces victoires furent chèrement achetées et de nombreux officiers, pour la plupart Français, furent tués; je me reprocherais de passer sous silence les noms des Quélen, des Guillemin, des Dufournel, des de Vaux, etc. Cette résistance inattendue sauva Rome; si le coup de main de Garibaldi avait réussi,

larmée piémontaise aurait pénétré à sa suite, sous prétexte de
rétablir l'ordre et de protéger le Pape. Le prétexte manquant,
les Piémontais restèrent à la frontière ; le gouvernement français envoya des troupes qui prirent part à la bataille décisive
de Mentana, à la suite de laquelle Garibaldi fugitif regagna son
île de Caprera. A Rome même, on avait essayé un mouvement
qui échoua, et les exploits des révolutionnaires se bornèrent à
faire sauter une partie de la caserne Serristori, où étaient les
zouaves, et à tuer quelques musiciens.

Malgré ces victoires, malgré l'engagement que Berryer avait
arraché à M. Rouher, au sujet du maintien du pouvoir temporel, la position du Pape restait menacée. Aussi l'étonnement
fut grand, quand on le vit, par la bulle *Æterni Patris*, le 29
juin 1868, fête de saint Pierre et saint Paul, convoquer un
concile œcuménique à Rome pour le 8 décembre 1869. On se
demandait comment Pie IX pouvait ainsi escompter l'avenir.
Il ne s'en émut pas. Les préparatifs du concile commencèrent
immédiatement ; les théologiens les plus distingués furent
appelés de tous les pays pour étudier les questions qui devaient
être soumises au concile. L'idée de convoquer un concile
remontait chez le Pape à une date déjà éloignée ; elle lui avait
été suggérée à Gaëte par un prélat français, depuis cardinal,
Mgr Villecourt, dit-on. Des cardinaux chargés d'étudier la
question, avaient tous reconnu qu'un concile ferait le plus
grand bien, mais ils se demandaient si l'on pourrait le réunir.
La situation politique troublée par les *points noirs* que signa-
lait dans un de ses discours du trône l'empereur Napoléon,

devait faire hésiter. Pie IX passa outre, et cette fois encore l'événement lui donna raison.

Pendant les préparatifs du concile, le 11 avril 1869, on célébra le cinquantenaire de prêtrise du Pape. Ce n'était pas la première fois qu'un Pape célébrait sa cinquantaine de prêtrise; cela était arrivé à Grégoire XVI. Mais ces fêtes avaient toujours eu un caractère intime, privé, tandis que le cinquantenaire de prêtrise de Pie IX fut l'occasion d'une manifestation des plus touchantes dans l'univers entier. Des milliers de pèlerins de toutes les nations affluèrent à Rome. Pie IX, qui n'avait oublié ni ses enfants de Tatagiovanni, ni l'humble église de Sainte-Anne des Cordiers, voulait aller célébrer la messe le dimanche 11 avril 1869 au même autel où il avait dit sa première messe. Mais on lui fit observer que cette petite église était insuffisante pour recevoir les nombreux pèlerins qui voudraient assister à sa messe. Le Pape se rendit, il dit la messe dans la vaste basilique de Saint-Pierre qui était remplie. Lorsque la messe fut terminée, il entonna le *Te Deum*, les milliers de fidèles présents s'unirent à lui.

L'époque fixée pour la réunion du concile était arrivée; des mille évêques environ formant la hiérarchie catholique, près de huit cents étaient présents, et dans le nombre, il y en avait qui venaient des pays les plus lointains. Jamais autant d'évêques ne s'étaient trouvés à Rome, réunis autour du Saint-Père.

On connaît l'histoire du Concile du Vatican; on n'a pas oublié combien les discussions furent longues et approfondies

Ses travaux se résument dans la constitution sur la foi, *de fide*, dans la première constitution de l'Église et dans la proclamation du dogme de l'infaillibilité pontificale. C'est surtout sur ce dogme que des discussions furent vives. Une minorité importante combattait la proclamation de l'infaillibilité comme *inopportune*; c'était le terme employé. Dans la dernière séance solennelle, le 18 juillet, les pères furent appelés à répondre sur la proclamation de l'infaillibilité : *Placet* ou *non placet*. Tous les évêques, sauf deux qui retirèrent immédiatement leur vote, répondirent *placet* : c'était l'unanimité. Les évêques inopportunistes étaient partis.

La proclamation de l'infaillibilité pontificale qui terminait la première session du concile, arrivait à temps. La veille de la dernière séance, le 17 juillet, la guerre prévue depuis plusieurs années avait éclaté entre la France et la Prusse. Une des conséquences de cette guerre fut la destruction momentanée du pouvoir temporel et par suite, l'impossibilité de convoquer un nouveau concile. En proclamant le suprême magistère du successeur de Pierre, en mettant hors de discussion la souveraine autorité du Chef de l'Église, les pères du concile du Vatican assuraient aux fidèles la pleine connaissance de la vérité. Qu'une hérésie se produise, et la voix du Pape parlant *ex cathedra* éclairera les fidèles qui répéteront avec saint Augustin: *Roma locuta est, causa finita est*. Rome a parlé, la cause est finie. On ne verra plus, à l'exemple des jansénistes, des hérétiques condamnés par plusieurs Papes, en appeler au concile. Les vieux catholiques d'Allemagne et de Suisse n'ont pas eu recours à cet appel qui n'aurait trompé personne. Je rappellerai, en passant, que les jansénistes de Hollande se sont bien gardés de saisir le concile du Vatican de leur appel.

Dès les premiers jours de la guerre avec la Prusse, Pie IX fut prévenu par l'ambassadeur de France à Rome, le marquis de Banneville, que la division française, qui était restée depuis Mentana, était rappelée. La première brigade s'embarqua à Civita-Vecchia, le 4 août, et ce même jour, la division du général Abel Douay était surprise et battue à Wissembourg. Le général Dumont quitta les États Pontificaux le 6 août, et le même jour, deux armées françaises étaient battues, l'une à Reischoffen, l'autre à Spikeren.

Le départ des troupes françaises et surtout nos défaites laissaient le champ libre au gouvernement italien ; il en profita. Il avait à Rome un agent actif dans la personne du comte Harry d'Arnim, ministre de Prusse, qui lui préparait les voies et l'excitait à agir. C'est le même comte d'Arnim que M. de Bismark a depuis fait condamner et qui se meurt en Suisse, exilé et infirme. Le gouvernement italien, pour colorer son invasion, aurait désiré quelques émeutes qui fournissent prétexte à une intervention ; il ne les eut pas, grâce à la vigilance de la petite armée pontificale et aussi grâce au bon esprit des populations, sincèrement attachées au Pape. Il fallut envahir sans prétexte.

Pendant que cette dernière invasion se préparait, Pie IX, qui était au courant de tout, faisait ses dernières sorties du Vatican. Le 8 septembre, il se rendait à l'église de *Santa-Maria del Popolo*, où il était acclamé par le peuple. Le 10, il assistait à l'inauguration de l'aqueduc *Acqua Pia,* dont il avait doté la ville, et les *evvivâ* étaient nombreux. Le même jour, commençaient des prières publiques pour détourner le fléau de l'invasion. Le 19, le Pape allait à Saint-Jean-de-Latran et montait à genoux la *Scala santa*. C'était la dernière fois qu'il sortait du Palais où il allait vivre enfermé pendant plusieurs années.

Victor-Emmanuel avait envoyé au Pape le comte Ponza di San Martino, pour l'inviter à licencier son armée et à remettre aux troupes piémontaises la garde de Rome et des autres villes pontificales. Le Pape refusa. D'autre part, le comte d'Arnim fit auprès des membres du corps diplomatique une démarche concertée avec le gouvernement italien. Il leur proposa d'inviter le Pape à renoncer à une défense d'avance inutile. Tous les membres du corps diplomatique refusèrent de se prêter à cette comédie. La ville de Rome étant mal défendue par une mauvaise muraille et le Pape n'ayant que 10,000 hommes à opposer aux 60,000 Piémontais qui avaient envahi ses États sur trois points, une défense sérieuse était impossible, mais Pie IX voulait qu'il fût bien établi qu'il n'avait cédé qu'à la violence. Comme Sa Sainteté le disait, le 10 septembre, au marquis de Banneville, qui lui faisait ses adieux : « Mon armée ne soutiendra pas un siége, et dans ces jours où les fleuves de France sont rouges de sang, je ne veux pas que les eaux du Tibre soient rougies du sang de mes soldats ; mais je veux que la violence du roi d'Italie soit constatée. »

L'attaque de Rome eut lieu le 20 septembre ; le bombardement commença sur plusieurs points en même temps ; les soldats pontificaux, malgré leur infériorité en nombre et en artillerie, répondaient énergiquement, lorsque l'ordre arriva de cesser la lutte. Ils obéirent à regret, et M. de Charrette ne se soumit que sur un deuxième ordre plus formel que le premier. La violence était constatée, cela suffisait au Pape.

D'après la capitulation, qui fut assez mal respectée par les vainqueurs, les soldats pontificaux devaient être ou licenciés, s'ils étaient italiens, ou renvoyés dans leurs pays, s'ils étaient étrangers. Avant de quitter le Pontife que leur dévouement n'avait pu sauver, ils désiraient recevoir une dernière bénédiction et s'étaient massés sous les fenêtres du Vatican. Quelques officiers se détachèrent pour aller soumettre au Pape le pieux désir de ses soldats. On leur représenta que ce serait renouveler toutes les douleurs du Pape, et ils se retiraient sans rien demander, lorsqu'ils entendirent des acclamations. Pie IX avait eu connaissance du désir de ses fidèles soldats, et il était venu leur donner une dernière bénédiction. Ce fut une scène des plus émouvantes ; on voyait des larmes couler sur ces visages noircis par la poudre. Un officier des zouaves pontificaux qui avait vu le Pape en bien des circonstances, disait que jamais il n'avait éprouvé une semblable émotion.

On sait ce qu'il advint de ces soldats ; ils furent rapatriés Les zouaves français auxquels on avait voulu retirer leur qualité de Français, et qui avaient peu de sympathies pour le gouvernement de la Défense Nationale, demandèrent à servir la France. A Orléans, à Loigny, au Mans, ils couvrirent la retraite de l'armée, et leur héroïsme inscrivit quelques pages glorieuses dans la douloureuse histoire de nos désastres.

Le chef de l'armée pontificale, le général Kanzler, pro-ministre des armes, était Bavarois ; s'il était rentré dans son pays, il aurait dû servir contre la France. Il resta au Vatican pour ne pas combattre la nation qui lui avait fourni ses plus dévoués soldats.

VII

Pie IX était captif, un vote illusoire avait ratifié la conquête peu glorieuse du roi Victor-Emmanuel.

Deux questions ont été posées à l'occasion de cette captivité. On a demandé pourquoi le Pape ne quittait pas Rome pour quelque résidence, Malte ou les Baléares, par exemple, où l'hospitalité ne lui serait pas refusée. On a également demandé pourquoi le Pape s'obstinait à s'enfermer au Vatican, alors que le gouvernement italien s'engageait à lui laisser toute liberté et à le faire respecter partout où il lui plairait d'aller. A la première question, il n'y a rien à répondre : le Pape est resté à Rome parce qu'il a cru que sa place était au Vatican plutôt qu'ailleurs ; si en 1849, il avait jugé autrement, il ne faut pas oublier que la situation était tout autre. Quant à la captivité, deux motifs l'expliquent. Le Pape ne veut rien faire qui ressemble à une acceptation du fait accompli ; il ne veut pas de la protection que lui offre le gouvernement italien, ni surtout des honneurs qu'il affecterait de rendre au chef de l'Église. C'est le même motif qui lui a fait refuser les millions que lui allouait la loi des garanties; à ces millions, il préfère l'aumône des fidèles dans le denier de saint Pierre. De plus, cette protection qu'on lui promet, serait-elle efficace et pour lui et pour les catholiques. Un fait permet d'en douter : Un jour, le Pape fut aperçu à une des fenêtres extérieures du Vatican ; des Romains fidèles l'acclamèrent ; ils furent maltraités par des *buzzurri*, comme on appelle les partisans du gouvernement italien, et la police ne daigna pas les protéger. Que ferait le Pape, si, devant lui, on maltraitait quelque fidèle coupable de lui avoir rendu les hommages dus au chef de l'Église ?

Le Pape est donc réellement captif, et il ne peut pas en être autrement.

L'histoire de sa captivité serait longue, si j'essayais d'énumérer les énergiques revendications et protestations du Souverain Pontife en faveur des droits de l'Église et des peuples chrétiens, les actes de charité, les audiences multipliées qu'il a données et où il a prononcé tant d'admirables allocutions. Ne pouvant le faire, je me bornerai à quelques traits généraux.

Sous le double poids de la captivité et de l'âge, alors que tout l'abandonnait, Pie IX a montré une inébranlable fermeté. Dès qu'une attaque se produisait contre l'Église, dès que les droits des fidèles étaient lésés, dès que la proscription frappait même le plus humble prêtre, il protestait hautement. Aucune considération humaine ne pouvait l'arrêter. Dès le mois d'octobre 1870, il protestait contre la dernière spoliation dont il avait été victime ; cette protestation, il l'a renouvelée à diverses reprises.

Tous les actes du gouvernement italien contre l'Église : spoliation des ordres religieux, conscription imposée au clergé, ferme-
ture des séminaires, confiscation des menses épiscopales, inter-
diction des processions, condamnations de prêtres et d'évêques
coupables d'avoir rempli leurs devoirs, tous ces actes ont été
flétris ; parfois même le Pape s'est adressé directement au roi
Victor-Emmanuel, le suppliant de se rappeler qu'il aurait un
compte sévère à rendre à Dieu.

Le Pape n'a pas été moins énergique vis-à-vis des autres
gouvernements. Sans se préoccuper de la puissance prépondérante de l'Allemagne, il a condamné le Kulturkampf ; il a créé
cardinal Mgr Ledochowski qui sortait de prison, et il lui a donné
un asile inviolable au Vatican. La conduite du gouvernement
russe à l'égard des catholiques grecs-unis a été stigmatisée avec
énergie, et cependant la Russie offrait son appui moral si la
Cour de Rome voulait garder le silence. On a expliqué cette fermeté par l'influence du cardinal Antonelli ; il y a un an que le
cardinal est mort, et la fermeté est restée la même.

Outre ces protestations, le fait saillant de la captivité du Pape,
c'est que cette captivité a resserré les liens qui existaient entre
les fidèles et le vicaire de Jésus-Christ. Jamais Pape n'a reçu
autant de témoignages d'affection que Pie IX, captif au Vatican.
Les pèlerinages à Rome se sont multipliés. Il ne se passe pas
de semaine que le Pape ne donne plusieurs audiences où se
trouvent de nombreux pèlerins venus pour apporter au souverain Pontife le témoignage de leur attachement. Au milieu de ces
nombreux pèlerinages, trois manifestations se détachent : celle

du 17 juin 1871, pour le vingt-cinquième anniversaire du pontificat de Pie IX, qui, ce jour-là, atteignait, le premier entre tous les Papes, les années de Pierre ; celle du 17 juin 1876, pour le trentième anniversaire du Pontificat ; et enfin celle des mois de mai et juin 1877, pour le cinquantenaire d'épiscopat de Mgr Mastaï. On peut dire qu'à ces dates les fidèles du monde entier s'unissaient, dans un immense témoignage d'amour, pour affirmer leur dévouement toujours croissant à leur Père captif.

AMAND VILLIERS.

LE

CARDINAL GUIBERT

ARCHEVÊQUE DE PARIS

LE CARDINAL GUIBERT.

LE CARDINAL GUIBERT

ARCHEVÊQUE DE PARIS

L était naturel d'ouvrir la série des prélats français par S. Em. le cardinal Guibert, archevêque de Paris. S'il n'est pas le plus ancien des cardinaux ni des archevêques français, il occupe le siége sur lequel se portent naturellement tous les regards, et en plusieurs circonstances il a agi comme le représentant de l'épiscopat.

La biographie du cardinal Guibert n'est pas œuvre facile; non-seulement les années de son enfance et de sa jeunesse, mais encore son sacerdoce et les premières années de son épiscocat sont peu connus; les renseignements font défaut, ou s'ils existent, c'est épars dans des recueils où il faut les deviner. Il est, dans le clergé comme partout, des hommes dont la vie est toute extérieure ; pour ceux-là, on n'a que l'embarras du choix. Il en est d'autres, au contraire, dont la vie se passe à remplir consciencieusement leurs devoirs quels qu'ils soient, mais qui mettent en pratique cette maxime du Christ : « Que la main gauche ignore ce que donne la main droite. » Ces derniers sont très nombreux dans le clergé, et parmi eux l'on doit classer, au premier rang, Mgr Guibert qui a toujours fui l'éclat.

Prédicateur plein de zèle, membre des plus remarquables d'une congrégation florissante, ayant comme évêque administré deux diocèses, ceux de Viviers et de Tours, où il a laissé les meilleurs souvenirs et les plus vifs regrets et fait des œuvres considérables, écrivain distingué, Mgr Guibert était cependant un inconnu, non-seulement pour les indifférents, mais même pour beaucoup de catholiques. Lorsque, au mois de juin 1871, après l'assassinat de Mgr Darboy par les hommes de la Commune, le nom de l'archevêque de Tours fut prononcé pour le siége de Paris, bien des gens se demandaient qui était cet évêque ignoré auquel on destinait le premier siége de France. Volontiers ils auraient protesté, parce que le prélat n'était pas assez illustre, et le silence de Vapereau qui daigne à peine mentionner Mgr Guibert à son rang, dans le *Clergé de France*, sans lui accorder un article spécial, ne devait pas détruire cette impression.

L'étonnement n'a pas duré. Le nouvel archevêque de Paris s'est rapidement acquis l'amour et la vénération des catholiques ; quant aux adversaires de l'Église, ils n'ont pu lui refuser leur estime tout en le poursuivant d'attaques très vives qui sont à son honneur. Dans un temps troublé comme celui-ci, l'évêque, à moins de manquer à ses devoirs de gardien vigilant du troupeau, ne peut pas ne pas soulever d'ardentes animosités. Elles n'ont pas manqué au cardinal-archevêque de Paris. Et cependant il est d'une grande modération, mais cette modération s'arrête où le devoir commence. Le *devoir*, ce mot résume la longue carrière épiscopale de Mgr Guibert, et en faisant son devoir, il s'est imposé à ces Parisiens tout disposés à s'étonner de ce qu'on leur donnait un évêque qui ne leur paraissait pas assez illustre pour eux.

I

Hippolyte, cardinal Guibert, est né à Aix, le 13 décembre 1802, il est donc dans sa 76ᵉ année. De son enfance, on ne sait rien que quelques racontages sans autorité, qu'il est plus prudent de passer sous silence. Un seul fait est certain, c'est que le jeune Guibert, alors qu'il faisait à Aix ses études ecclésiastiques, eut quelques rapports, sinon d'amitié, au moins de politesse, avec son quasi compatriote, Adolphe Thiers, qui faisait son droit. Le cardinal a fait lui-même allusion à ces rapports dans sa dernière lettre pastorale relative aux prières publiques. .

Au moment où le jeune Guibert, dont la vocation ecclésiastique se déclara de bonne heure et fut acceptée sans combat, faisait ses études, un de ses compatriotes, M. l'abbé Eugène de Mazenod, appartenant à une illustre famille de la Provence, fondait, sous le nom de *Missionnaires oblats de la Vierge Marie*, une congrégation de prêtres dont le but était de prêcher des missions. Après la tourmente révolutionnaire qui avait fermé les sanctuaires, proscrit les prêtres fidèles, supprimé les ordres religieux, il y avait dans l'église de France d'immenses désastres à réparer. Nombreux furent les ouvriers qui se mirent à l'œuvre dès que le Concordat le leur permit. M. de Mazenod ne fut pas de ces ouvriers de la première heure; il était encore dans le monde. Il ne fut ordonné prêtre qu'en 1811, âgé de près de 3o ans; mais, pour être tardive, son action n'en fut pas moins utile. Quatre ans après son ordination, il réunissait les premiers éléments de sa Congrégation dont les statuts furent approuvés par le Pape Léon XII en 1826, puis par les Papes Grégoire XVI et Pie IX; il obtint même de la Restauration, en 1828, la reconnaissance légale, quelquefois vainement demandée. Un des meilleurs, sinon des premiers auxiliaires de M. l'abbé de Mazenod, fut l'abbé Guibert. Le fondateur avait de prime abord deviné la valeur du sujet d'élite qui s'offrait à lui, et il l'employa dans des missions qui produisirent de merveilleux résultats.

Parmi les diocèses où l'abbé Guibert avait exercé dans de fructueuses missions le ministère apostolique, se trouvait celui d'Ajaccio. L'évêque, Mgr Casanelli d'Istria, appréciant les travaux du zélé missionnaire, tint à se l'attacher, et il le prit pour vicaire général. Il ne le garda pas autant qu'il l'aurait désiré, car, en 1842, M. l'abbé Guibert fut appelé à l'évêché de Viviers.

II

L'épiscopat de Mgr Guibert à Viviers a duré 15 ans, de 1842 à 1857. Pendant cette longue administration, qui a laissé des traces profondes, Mgr Guibert s'est préoccupé de remplir consciencieusement ses devoirs d'évêque. Souvent se rappelant ses missions, il prêchait lui-même, ne dédaignant pas les plus humbles auditoires. Tout occupé des devoirs confiés à sa sollicitude, il se souciait peu qu'on parlât de lui, et l'on en parlait peu. Il suivait cependant, comme c'était son devoir, les grandes questions qui agitaient l'épiscopat français. Avec ses collègues, il réclamait la liberté de l'enseignement au nom des droits imprescriptibles de l'Église et des promesses de la Charte. Ses lettres pastorales sur ces grandes questions ont été publiées ; elles ne sont pas aussi connues qu'elles mériteraient de l'être. A défaut de l'éclat qui éblouit, et même trompe parfois, elles ont, ce qui vaut mieux, la solidité du fond. Le style est simple, net ; la phrase, dépourvue d'ornements, dit bien ce qu'elle veut dire.

Préludant à Viviers, à deux œuvres autrement importantes qu'il devait commencer à Tours et à Paris, la reconstruction de la basilique de Saint Martin et l'église votive du Sacré-Cœur, Mgr Guibert, après avoir ranimé la dévotion de ses diocésains à l'apôtre du Vivarais, saint François Régis, conçut la première idée d'un nouveau sanctuaire à la Louvesc, digne de ce grand saint. L'idée a été réalisée, et S. E. le cardinal Guibert, archevêque de Paris, est allé présider à l'inauguration de ce magnifique sanctuaire dont il avait eu la première pensée.

En 1857, Mgr Guibert était transféré à Tours ; il quitta à regret un diocèse où il avait fait beaucoup de bien, et où il était vivement regretté. Peu lui importait d'être sur un plus grand théâtre, et d'avoir un titre archiépiscopal. Il remplaçait à Tours Mgr Morlot, appelé à Paris après l'assassinat de Mgr Sibour. Il se montra dans son nouveau diocèse tel qu'il avait été dans le premier. C'était la même attention, poussée jusqu'au scrupule, à tous ses devoirs, la même modération, mais aussi la même fermeté lorsqu'il le fallait. Il se vit, dans une circonstance, poursuivi comme d'abus devant le Conseil d'Etat. Des élections allaient avoir lieu, et sept prélats, sur l'invitation de Mgr Dupanloup, évêque d'Orléans, que des électeurs catholiques avaient interrogé, publièrent une lettre collective dans laquelle ils disaient aux électeurs que la gravité de la situation leur faisait un devoir d'élire des députés décidés à défendre l'Église menacée. La lettre était très-modérée dans la forme et dans le fond ; elle ne contenait rien qui ressemblât à une attaque contre le gouvernement impérial. Mais comme elle recommandait la défense du pouvoir temporel du Pape, que la politique impériale avait sacrifiée en partie après l'expédition d'Italie, le gouvernement s'émut, et invoquant on ne sait quelle loi césarienne qui défendait aux prélats les lettres collectives, il fit condamner comme d'abus les sept signataires par le Conseil d'État. Cela ne fit que multiplier les adhésions à la lettre et

en rendre le retentissement plus grand. Quant à Mgr Guibert,
sa condamnation le toucha peu.

L'œuvre principale qui restera comme souvenir du séjour à
Tours de Mgr Guibert, c'est la reconstruction de la basilique de
Saint-Martin. Jadis, Tours s'enorgueillissait de sa magnifique
basilique dé l'é au thaumaturge des Gaules et qui était le but
de nombreux pèlerinages. La basilique avait été détruite, les
pèlerinages avaient cessé, et l'on ignorait même où avait été
enterré le grand évêque de Tours. Mgr Guibert raviva la piété
des fidèles pour son saint prédécesseur ; les pèlerins reprirent
la route du tombeau de saint Martin retrouvé, et un projet
grandiose fut préparé qui devait rendre à saint Martin un
sanctuaire digne de lui et de la France.

L'année 1870 vit en même temps la fin du concile du Vatican
et le commencement de la guerre avec la Prusse. Au concile,
Mgr Guibert avait pris rang dans la majorité infaillibiliste ;
il y fut remarqué. Quand il revint à Tours, la guerre était commencée, et déjà nous éprouvions des revers ; il ne pouvait
cependant pas encore prévoir le rôle que lui réservaient les événements.

Après le 4 septembre, au moment où les Prussiens se dispo-
saient à investir Paris, un membre du gouvernement de la
Défense Nationale fut envoyé à Tours pour gouverner la province et organiser la défense de Paris et la délivrance de la
France. La ville de Tours n'offrait pas les bâtiments nécessaires
pour les diverses administrations dont elle allait devenir le
centre, et le délégué de la Défense Nationale aurait été fort

embarrassé pour se loger, si Mgr Guibert ne lui avait offert l'hospitalité dans son palais archiépiscopal. Ce délégué, que vint plus tard rejoindre M. Glais-Bizoin, était un juif, M. Crémieux. On a blâmé l'archevêque de ce qu'il avait ainsi offert son palais au délégué juif d'un gouvernement illégitime fort mal disposé pour l'Église. Étant données les circonstances, Mgr Guibert avait raison de passer par dessus les répugnances les mieux justifiées. Le gouvernement de la Défense Nationale disait qu'il n'avait qu'un but : délivrer la France ; ce n'était pas le moment de lui susciter des embarras. D'ailleurs, M. Crémieux sut reconnaître l'hospitalité qui lui était donnée ; il se montra plein de déférence pour Mgr Guibert.

Le rôle de Mgr Guibert pendant la guerre ne se borna pas à l'hospitalité donnée à M. Crémieux. Tours fut occupé par les Prussiens, et comme beaucoup d'autres prélats, l'archevêque usa de l'autorité que lui donnait son caractère sacré pour la protection des populations. Il l'a lui-même rappelé dans une lettre adressée le 6 mai 1877 à M. Martel, alors ministre de la justice et des cultes.

III

Après la reprise de Paris sur la Commune, M. Thiers, président de la République, dut nommer — pour être tout à fait exact on devrait dire présenter — un archevêque pour succéder à Mgr Darboy, assassiné à la Roquette. Divers noms furent mis en avant, dont quelques-uns justement célèbres, et personne ne songeait à Mgr Guibert, lorsqu'il fut nommé.

Le président de la République et son ministre des cultes, M. Jules Simon, se heurtèrent à une résistance qui dut les étonner. Mgr Guibert, loin de se laisser éblouir par la perspective de devenir archevêque de Paris, refusa ; il ne voulait pas quitter sa ville de Tours, abandonner son œuvre de la basilique de Saint-Martin ; il objectait son âge qui ne lui permettait pas de changer ses habitudes et de prendre la direction d'un difficile diocèse, où il y avait tout à refaire après les désastres de la Commune. Pour triompher de la résistance de Mgr Guibert, il ne fallut rien moins que l'intervention du Pape qui lui demanda d'accepter, non un honneur, mais une charge assez lourde et qui n'était pas sans dangers. Devant l'invitation du Pape, le prélat s'inclina ; on lui demandait un acte de dévouement ; il était prêt.

C'était bien en effet un acte de dévouement que de venir à Paris, surtout en 1871. Depuis plus d'un siècle, les archevêques de Paris ont eu, pour la plupart, bien à souffrir. Au siècle dernier, Mgr Christophe de Beaumont s'est vu en butte aux attaques du Parlement. Mgr de Juigné, après avoir été menacé de mort, a dû prendre le chemin de l'exil ; on a même dit qu'il avait été tué ; c'est une erreur ; il est mort pendant l'émigration. Si deux archevêques, Mgr de Belloy et Mgr de Talleyrand, ont été tranquilles, il n'en a pas été ainsi de Mgr de Quélen, obligé, après le pillage de l'Archevêché, de demander l'hospitalité à une congrégation religieuse. Mgr Affre a été tué aux journées de juin 1848, en demandant à Dieu que son sang fût le dernier versé ; il fut exaucé, et l'horreur inspirée par l'odieux assassinat dont il avait été victime contribua à mettre fin à la lutte. Mgr Sibour a été assassiné. Mgr Morlot a eu un épiscopat tranquille, mais son successeur, Mgr Darboy, a été assassiné comme Mgr Affre, et dans des conditions bien plus tristes. On pouvait donc parler des dangers que présentait l'archevêché de Paris.

En insistant auprès de Mgr Guibert, le Souverain Pontife était bien inspiré ; l'archevêque de Tours était bien l'évêque qu'il fallait à Paris. Mgr Darboy, prélat d'une haute intelligence, avait été sénateur de l'empire ; on le lui avait reproché, et ce titre a pu contribuer au débordement de haine dont il a été la victime. Pour lui sucécder, il fallait un prélat auquel on ne pût reprocher de s'être mêlé aux luttes politiques, et dont la vie austère défiât même la calomnie ; il le fallait d'un caractère conciliant, doux, mais cependant incapable de faire aucune concession quand le devoir le défendait. Mgr Guibert réunissait bien ces diverses conditions. Il s'était toujours renfermé dans ses devoirs épisco-paux. Sa vie, à Viviers comme à Tours, était celle d'un céno-bite ; elle est restée telle à Paris. Son train de vie est d'une excessive simplicité, sa table est celle d'un anachorète ; pour lui, pour son coadjuteur, Mgr Richard, archevêque de Larisse, un aimable et pieux prélat qui fait involontairement songer à saint François de Sales, son patron, il n'y a à l'archevêché de Paris qu'un cheval, peu de domestiques, ceux qui sont absolument nécessaires.

Deux ans et demi après sa translation à l'archevêché de Paris, le 22 décembre 1873, Mgr Guibert fut créé cardinal, en même temps que Mgr Régnier, archevêque de Cambrai et que Mgr Chigi, nonce apostolique. Le Pape lui assigna le titre de Saint Jean-Porte-Latine. Cette élévation ne modifia en rien la vie du prélat qui resta aussi simple que par le passé.

Mgr Guibert avait laissé en bonne voie, à Tours, l'œuvre de la basilique de Saint-Martin ; à Paris, il retrouva bientôt deux œuvres plus importantes encore et plus difficiles : la fondation d'une université catholique, et l'œuvre de l'église du Sacré-Cœur. Une loi votée par l'Assemblée nationale avait accordé la liberté de l'enseignement supérieur vainement demandée par les catholiques depuis bien des années. Des Facultés catholiques de droit se fondèrent immédiatement à Lille et à Angers. Le cardinal Guibert alla moins vite. D'un caractère prudent, il se décide lentement ; mais sa décision prise, aucun obstacle ne l'arrête. Il fallait à Paris une Université digne de la capitale de la France. Pourrait-on la créer ? Mgr Guibert étudia mûrement la question ; il examina les obstacles ; il ne se dissimula pas les difficultés de l'entreprise. Le résultat de ses réflexions fut que l'Université devait être créée et elle le fut. Il y a quelques jours, avait lieu la troisième réunion annuelle présidée par le cardinal, et l'on a pu constater que l'Université catholique de Paris était solidement établie. Elle a adopté le sceau, légèrement modifié, de l'ancienne et glorieuse Université de Paris, dont elle est la légitime héritière et dont elle continuera les traditions.

Ce fut également après de mûres réflexions que Mgr Guibert se chargea de l'œuvre du Sacré-Cœur dont il n'avait pas pris l'initiative. C'est lui qui, pour répondre au vœu des fidèles, a désigné une église au Sacré-Cœur, construite à Montmartre, le mont des martyrs, d'où elle domine Paris. C'était augmenter les difficultés de l'entreprise, mais cela répondait bien aux désirs des âmes fidèles. L'église se bâtira donc à Montmartre ; les difficultés de la construction sont immenses ; on es surmontera ; l'église devra être assise sur des pilotis ; déjà les substructions sont faites. Les dépenses seront beaucoup plus considérables ; la charité des fidèles y pourvoira. Les demeurants de la Commune menacent de brûler cette église qui s'élève sur leur place forte et qu'ils considèrent comme un défi ; Dieu saura protéger le monument élevé au Sacré-Cœur de Jésus par la France repentante et dévote ; *Gallia pœnitens ac devota*. Mgr Guibert a pris sa décision, il ira jusqu'au bout. En attendant que le sanctuaire soit achevé, une humble chapelle provisoire a été construite ; elle a été confiée par l'archevêque de Paris à ses chers Oblats, et déjà elle est devenue un lieu de pèlerinage.

Un archevêque de Paris a parfois des devoirs difficiles à remplir ; il est telle circonstance où il ne lui est pas possible de se taire. Mgr Guibert, à Viviers comme à Tours, s'était tenu éloigné de tout ce qui pouvait paraître toucher à la politique. A Paris, il ne pouvait agir ainsi. Plusieurs fois, il a pris la parole au nom du clergé français attaqué. Il a adressé aux ministres des cultes trois lettres qui ont eu un grand retentissement; dans la première, il protestait contre les votes du conseil municipal de Paris qui avaient enlevé toute subvention aux œuvres charitables ayant un caractère religieux; dans la seconde, il protestait contre le projet de loi du gouvernement qui retirait aux universités libres le bénéfice du jury mixte avant même qu'on ait pu apprécier le fonctionnement de ce jury; dans la troisième enfin, il protestait contre un ordre du jour dirigé contre le clergé par l'ancienne Chambre des députés, dans la séance du 4 mai 1877.

Dans une autre circonstance, présidant une séance du congrès des comités catholiques, le cardinal Guibert, s'est déclaré prêt à verser son sang, s'il le fallait, pour l'Église comme pour la patrie.

Et ce ne sont pas là de vaines paroles !

Le cardinal-archevêque de Paris est assez grand, maigre; il se tient un peu penché; il a bien l'allure d'un religieux. La figure est sévère; la bouche fine; l'œil vif, très ombragé par le sourcil, qui est épais. Sa parole est lente; il semble chercher ses mots et les choisit bien; sa phrase est simple, familière, pleine de bonhomie, mais s'élevant au besoin, et prenant alors une rare énergie; il a conservé, dans une certaine mesure, l'accent de son pays.

Mgr Guibert a un coadjuteur, Mgr Richard; il lui disait l'année dernière : « Monseigneur, je suis arrivé au terme de ma carrière. Bientôt je vous céderai la place. Vous gouvernerez, moi, je vous aiderai quand vous le demanderez. » Malgré ces paroles, qu'il saurait mettre à exécution, si l'heure de la retraite sonnait pour lui, et si les intérêts de l'Eglise demandaient qu'il s'efface, on peut espérer que le vénérable prélat, dont la verte vieillesse porte bien ses 75 ans, restera encore longtemps à la tête de l'Église de Paris.

AMAND VILLIERS.

MGR DECHAMPS

Imp. Boullet, Paris.

LE

CARDINAL DECHAMPS

ARCHEVÊQUE DE MALINES

2

LE

CARDINAL DECHAMPS

———

N ouvrant par S. Em. le cardinal Dechamps, archevêque de Malines, primat de Belgique, la série des
prélats étrangers, c'est à peine si l'on sort de France.
Le cardinal-archevêque de Malines est né Français, à l'époque
où la Belgique faisait partie de l'Empire de Napoléon I⁰ʳ. Il
parle et écrit le français avec une supériorité qui lui assure un
rang distingué parmi nos orateurs et écrivains. Si, comme à
d'autres époques, le goût des lecteurs se portait sur les ouvrages sérieux de controverse et d'apologétique religieuse, le
cardinal Dechamps, auteur de travaux remarquables par la
forme comme par le fond, serait universellement apprécié en
France ; mais la vogue est ailleurs. On ne trouve pas dans les
ouvrages du cardinal Dechamps cette lourdeur et cette rudesse
de style qu'évitent rarement les écrivains belges.

De plus, comme prêtre, aussi bien que par ses traditions de famille et par les traditions du parti politique auquel il a appartenu, le cardinal Dechamps est essentiellement sympathique à la France. Pendant que les libéraux belges ne dissimulent pas leurs sympathies pour l'Allemagne, dont la politique anti-catholique leur inspire admiration et envie, les sympathies des catholiques se tournent naturellement vers la France. Sous l'Empire, deux circonstances graves avaient arrêté ces sympathies : on reprochait à la France la politique impériale en Italie, qui compromettait la situation du Saint-Siége et laissait écraser à Castelfidardo la petite et vaillante armée pontificale, où les Belges étaient relativement aussi nombreux que les Français. On appréhendait une annexion, certains journaux officieux ayant donné à entendre que l'empereur voulait rendre à la France les limites du Rhin perdues en 1815. La guerre de 1870 a fait disparaître ces deux motifs de défiance. La politique anti-chrétienne a sa direction et son appui ailleurs qu'à Paris, et les dangers d'annexion pour les Belges ne sont plus au sud. Les catholiques sont donc revenus à leurs sympathies naturelles pour la France, et il n'est guère d'homme important en Belgique chez lequel ces sympathies soient plus marquées que chez le cardinal Dechamps. Cette raison a contribué, autant que la situation élevée qu'occupe, et par ses dignités et par son mérite, le cardinal primat de Belgique dans la hiérarchie de l'Église catholique, à le faire choisir le premier parmi tant d'autres prélats étrangers également distingués.

I

Victor-Auguste-Isidore Dechamps est né à Melle, le 6 décembre 1810; il est maintenant dans sa soixante-huitième année.
Sa famille avait une grande situation et était très-considérée; il
avait un frère, de quelques années plus âgé que lui, Auguste
Dechamps, qui a joué un rôle politique important et a été plusieurs fois ministre. Les deux frères reçurent au sein de leur famille, qui était hautement chrétienne, une forte éducation : de
bonne heure, on leur enseigna ces vérités chrétiennes auxquelles
ils sont restés l'un et l'autre fidèles; ces premières impressions
de l'enfance ne s'effacent jamais, surtout lorsque l'exemple des
parents se joint à leurs enseignements. L'instruction des deux
frères ne fut pas moins solide que leur éducation : ils firent des
études brillantes et se trouvèrent ainsi doublement armés pour
la lutte, lorsqu'il le fallut.

La lutte pour eux commença de bonne heure. Les traités de
1815, faits contre la France, avaient cherché à l'entourer de
voisins assez puissants pour la contenir dans les limites qu'on
lui imposait, limites plus restreintes que celles de la France de
1789. C'est dans ce but qu'on avait donné les provinces rhé-
nanes à la Prusse, en laissant seulement une portion au plus
puissant des États secondaires de la Confédération germanique,

la Bavière. Dans le même but, on avait fortifié l'ancien royaume de Sardaigne par l'annexion de Gênes. Au nord, le même calcul avait fait donner la Belgique à la Hollande, ou plutôt à la maison d'Orange qui y régnait. Si au sud et au nord-est le calcul a réussi, il a complétement échoué au nord. Il y avait entre les Belges et les Hollandais deux motifs de séparation : les premiers ne se souciaient nullement d'être absorbés par les seconds ; ils tenaient à leur nationalité dont ils étaient justement fiers ; sous la maison d'Autriche, ils gardèrent leur autonomie et leurs coutumes ; et Joseph II, qui avait voulu toucher aux priviléges de ses provinces de Flandre, avait rencontré une résistance avec laquelle il lui avait fallu compter. Mais cette question de nationalité n'était rien auprès de la différence de religion ; le gouvernement hollandais était protestant ; les catholiques étaient sinon persécutés, au moins traités comme des parias ; seuls les jansénistes avaient trouvé grâce, sans doute parce qu'ils étaient hérétiques.

Pour faire accepter sa domination des Belges, le roi de Hollande aurait dû la rendre excessivement légère, de manière qu'elle se sentît à peine ; il aurait dû surtout éviter de froisser ses nouveaux sujets dans leur foi. Il fit justement le contraire : les Belges furent blessés et dans leurs susceptibilités nationales et dans leur foi religieuse. Les catholiques, en butte à des vexations continuelles, se rappelèrent combien jadis leurs ancêtres avaient souffert des incursions des troupes de Guillaume le Taciturne et de Maurice de Nassau. Ces souvenirs n'étaient pas faits pour faciliter une union à peu près impossible. La résistance s'organisa, et la presse fut l'arme à laquelle eurent recours les catholiques belges.

L'un des premiers défenseurs de la cause catholique et nationale fut M. Auguste Dechamps, qui arrivait à l'âge d'homme; il fut bientôt secondé par son frère, le futur archevêque de Malines, qui était encore presque un enfant. Les deux frères, dans l'*Emancipation* et dans le *Journal des Flandres,* réclamaient en même temps les droits des catholiques et les libertés enlevées à la Belgique. Ils tenaient, dans une certaine mesure, à l'école de La Mennais, qui cherchait une conciliation entre l'Église catholique et la liberté, ou mieux le libéralisme. Dans cette lutte, les catholiques belges firent cause commune avec les libéraux. En Belgique comme partout, la Révolution française avaient produit une scission entre les catholiques et les libéraux, mais l'entente se fit contre l'oppression hollandaise qui se produisait en même temps sur le terrain religieux et sur le terrain politique. On connaît l'issue de cette lutte, si inégale en apparence. A la suite de la Révolution de 1830, un mouvement se produisit en Belgique; il fut soutenu par le gouvernement de Louis-Philippe. Les Hollandais, vaincus, durent renoncer à la Belgique, qui fut constituée en royaume séparé.

II

La constitution du royaume de Belgique, à laquelle ils avaient tant contribué, promettait une brillante carrière aux deux frères

Dèchamps. Pour tous les deux ces promesses se réalisèrent, mais pas comme on aurait pu le croire. De prime abord, l'aîné seul parut devoir profiter de l'avenir qui s'ouvrait devant lui. Député, il se fit remarquer comme orateur et fut plusieurs fois ministre. Il est mort l'année dernière avec le titre de ministre d'État, entouré de la considération générale. Pendant longtemps il avait été l'un des principaux chefs du parti catholique modéré, mais s'était retiré de la vie politique dans ses dernières années. Il était difficile de ne pas consacrer quelques lignes à cet homme considérable dans une biographie de son frère, auquel n'avait cessé de l'unir une vive affection.

Dès 1831, Victor-Auguste Dechamps avait dit adieu au monde et aux succès que tout lui présageait. Il était entré subitement au séminaire de Tournai pour faire ses études de théologie et se préparer au sacerdoce. Il alla ensuite terminer ses études théologiques à l'Université catholique de Louvain, dont il fut un des élèves les plus remarqués. Il était alors bien revenu des idées de La Mennais, s'il les avait jamais partagées. Bientôt, il trouva que le renoncement n'était pas suffisamment complet dans le clergé séculier, et il se fit rédemptoriste au couvent de Saint-Trond, près de Liége.

Les rédemptoristes ont été fondés au siècle dernier par saint Alphonse de Liguori, récemment proclamé docteur de l'Église. Le saint évêque se préoccupait beaucoup de ce que la Parole de Dieu n'était pas prêchée, surtout dans les paroisses rurales ou populeuses, comme il lui semblait qu'elle devait l'être. Il fonda les rédemptoristes pour combler cette lacune. Leur but princi-

pal est donc de former des prédicateurs pour les missions, non
pas les missions lointaines chez les infidèles, mais les missions
dans les villes et les campagnes des pays chrétiens. C'est surtout à l'évangélisation des pauvres que, dans l'esprit de leur
saint fondateur auquel ils sont restés fidèles, les rédemptoristes doivent se consacrer. La congrégation du Très-Saint Ré-
dempteur s'est rapidement répandue, non-seulement en Italie,
mais encore en France, en Belgique, en Allemagne, etc. Elle
avait dans ce dernier pays plusieurs maisons florissantes et faisait beaucoup de bien, lorsque les lois de mai l'ont chassée.

En choisissant cette congrégation, Victor-Auguste Dechamps
paraissait déchoir aux yeux du monde. Le brillant orateur,
l'écrivain distingué, le lauréat de l'Université de Louvain, s'il
avait la vocation ecclésiastique, pouvait, en restant dans le
clergé séculier, arriver rapidement aux plus hautes dignités,
autant par ses talents que par le crédit de sa famille, et il se
vouait à l'évangélisation des pauvres! La résolution dut paraître
singulière, même à des catholiques. Le jeune religieux ne s'en
émut pas. Il avait obéi à l'appel de Dieu, que lui importait
l'opinion des hommes?

· Les rédemptoristes, appréciant le mérite du sujet qui venait
de se donner à eux, lui confièrent l'enseignement de la théologie
dans une de leurs principales maisons, à Coethen, près d'Aix-
la-Chapelle. Le R. P. Dechamps ne resta que deux ans dans cette
position; il se sentait appelé à la prédication, et ses supérieurs
ne pouvaient contrarier une vocation qui rentrait si bien dans le
but de leur institut. Pendant plusieurs années, le R. P. De-

champs se livra exclusivement à la prédication ; toutes les villes de Belgique entendirent sa parole ardente, qui produisait de merveilleux résultats. Il avait surtout à un haut degré le talent de se mettre à la portée de son auditoire. Ses prédications n'étaient pas moins goûtées des masses populaires que des auditoires les plus aristocratiques. L'élégant orateur, le savant controversiste, le professeur de théologie savait se rendre intelligible aux plus humbles intelligences.

Une de ces maladies trop fréquentes chez les orateurs chrétiens arrêta le P. Dechamps dans son fécond apostolat et le condamna à un repos forcé qui fut pour lui une dure épreuve. Il alla demander le rétablissement de sa santé, compromise par ses travaux apostoliques, au climat plus doux de l'Italie. C'était en 1847, aux débuts du long et glorieux pontificat de Pie IX, de sainte mémoire. Le religieux belge fut reçu par le Souverain Pontife ; il ne pouvait passer inaperçu auprès d'un Pape qui connaissait si bien les hommes, et si le P. Dechamps emporta de ses audiences un dévouement plus ardent encore au Vicaire de Jésus-Christ, il laissa à Rome des souvenirs qui durent contribuer plus tard à le faire appeler à l'épiscopat.

Si la maladie interdisait la chaire au P. Dechamps, elle ne l'empêchait pas de travailler ; il consacra à la controverse religieuse ses loisirs forcés. Déjà, il avait publié des ouvrages qui avaient été remarqués ; mais ses travaux principaux datent de cette époque. Il serait trop long d'énumérer les ouvrages du P. Dechamps, mais on ne peut passer sous silence le *Christ et les Antechrists,* la *Question religieuse résolue par les faits, Pie IX et les Erreurs contemporaines,* etc., travaux considérables qui assurent à leur auteur une place distinguée parmi les apologistes de l'époque. Outre ces ouvrages, qui réunissent à la solidité du fond le mérite de la forme, le P. Dechamps fit paraître divers opuscules de propagande où l'on retrouve toutes les qualités du prédicateur qui avait de si grands succès auprès des masses. Il continuait ainsi par la plume l'œuvre qu'il avait commencée par la parole et à laquelle il s'était voué. On lui a reproché, au moins dans certains travaux, une trop grande vivacité de forme. Ce reproche n'est pas fondé ; le P. Dechamps défend avec ardeur les vérités chrétiennes, mais il ne dépasse jamais les bornes d'une polémique loyale, même avec des adversaires qui sont loin de garder la même réserve.

III

Les honneurs que le P. Dechamps avait fuis en se consacrant, dans la congrégation fondée par saint Alphonse de Liguori, à l'évangélisation des pauvres, vinrent le chercher dans sa retraite. Pie IX se souvenait de l'humble religieux auquel il avait donné audience en 1847. Le 25 septembre 1865, le P. Dechamps fut préconisé évêque de Namur. Il ne fit guère que passer dans ce diocèse, car, deux ans après, le 20 décembre 1867, il remplaçait le cardinal Engelbert Sterckx sur le siége archiépiscopal de Malines, et devenait ainsi le primat de la Belgique, avec une primatie

réelle, et non purement honorifique comme celle de l'archevêque de Lyon en France.

La nouvelle situation faite à Mgr Dechamps n'était pas sans
de grandes difficultés, et plus d'une fois l'archevêque dut regretter
le temps où il n'était qu'un simple religieux. Le cardinal-archevêque de Malines s'était fait en Belgique une grande situation,
autant par suite de ses mérites personnels et de sa haute dignité
que par le rôle qu'il avait joué au début de la monarchie belge.
De plus, le cardinal Sterckx avait pour la Constitution belge, à la
confection de laquelle il avait contribué et par suite pour les
idées libérales, si voisines des principes gallicans, une certaine
sympathie. Cette sympathie n'avait fait qu'augmenter son influence sur le parti catholique dont les chefs avoués étaient pour
la plupart plus ou moins libéraux. Le nouvel archevêque de
Malines était nettement ultramontain ; dans ses discours comme
dans ses ouvrages, il s'était affirmé. N'était-il pas à craindre
qu'il compromît l'influence que s'était acquise son prédécesseur
et dont l'Église catholique avait profité ?

Mgr Dechamps sut triompher des difficultés qu'il rencontrait,
et l'autorité du primat de Belgique ne s'amoindrit pas dans ses
mains. Il resta ce qu'il était, profondément attaché aux doctrines
romaines, prêt à les affirmer dès que cela était nécessaire ; mais
en même temps, il sut témoigner, à l'égard des personnes dont
les doctrines étaient différentes, la plus grande modération et
même beaucoup d'affabilité. Cette affabilité est, du reste, dans
son caractère. Le prédicateur plein de zèle, le controversiste
ardent a toujours été, dans les rapports personnels, d'une

très-grande amabilité ; toutes les personnes qui ont approché Mgr Dechamps, à une époque quelconque de sa vie, pourraient en témoigner.

De même qu'on avait reproché à tort au P. Dechamps l'acrimonie de sa polémique, de même on prétendit incriminer, dans l'archevêque de Malines, sa modération. Il s'est trouvé des écrivains qui ont voulu voir un calcul dans ce qui était tout naturel. L'archevêque de Malines, primat de Belgique, personnage officiel, était tenu à plus de réserve que le religieux rédemptoriste, à cause même des rapports officiels que lui imposait sa situation. Faute de comprendre cela, on est allé jusqu'à accuser Mgr Dechamps d'avoir modifié ses idées, ou du moins de les avoir dissimulées. Ses actes publics et ses écrits répondent éloquemment à cette accusation.

Si, comme l'a dit un écrivain dans un récent ouvrage (Louis Teste, *Préface au Conclave*), l'archevêque de Malines a pu exercer une influence considérable à la Cour et parmi les hommes d'État de Belgique, obtenir des concessions et des adoucissements, prévenir des ruptures ; s'il a su plaider la cause de la vérité, ce ne fut jamais par aucun sacrifice de doctrine, et le « modérateur » est resté catholique ultramontain, ou plutôt simplement catholique. C'est ainsi que l'on doit dire après le Concile du Vatican.

C'est surtout à ce Concile que l'archevêque de Malines a montré que ses doctrines n'avaient pas varié. Il a joué un rôle important dans ce Concile. Il comptait au nombre des membres influents de la majorité infaillibiliste et fut nommé de la Commission de la foi, *de fide*. Son rôle ne s'arrêta pas à l'intérieur du Concile. On sait que, par une innovation que bien des catholiques ont jugée regrettable, l'opinion fut saisie de la question de l'infaillibilité par des inopportunistes. Espéraient-ils par une pression extérieure retarder la définition dont ils contestaient l'opportunité? Ou bien, conséquents avec certaines doctrines libérales qu'ils étendaient au gouvernement de l'Église, croyaient-ils que, dans les débats d'un Concile comme dans les débats d'un Parlement, l'opinion a le droit de dire son mot? Toujours est-il que l'opinion fut saisie, même avant la réunion du Concile, et que les publications inopportunistes furent nombreuses et eurent un grand retentissement. La lutte, ainsi offerte sur le terrain extérieur, ne pouvait guère être refusée par les partisans de la proclamation de l'infaillibilité, quels que fussent leurs sentiments sur les inconvénients de cette lutte qu'ils auraient voulu restreindre au Concile. En se taisant, ils s'avouaient vaincus, et beaucoup de fidèles, incapables de juger par eux-mêmes des questions soulevées, auraient été induits en erreur. Aux ouvrages et aux brochures des inopportunistes, des partisans de la promulgation opposèrent des ouvrages et des brochures; ils réfutèrent avec succès les objections faites et qui parfois, sans doute contre le gré des auteurs, allaient plus loin que l'opportunité et atteignaient le dogme lui-même. Mgr Dechamps prit une grande part à cette campagne; il répondit surtout à Mgr Dupanloup, évêque d'Orléans, et au Père Gratry. Ses courtes brochures, pleines de logique et nourries de faits, eurent un grand retentissement et contribuèrent à

éclairer bien des personnes trompées par des objections spé-
cieuses.

Cinq ans après le Concile, le 15 mars 1875, l'archevêque de
Malines a été créé cardinal. Cette création était attendue, et
l'on peut dire que, pour Mgr Dechamps comme pour nombre
d'autres cardinaux créés par Pie IX, le Souverain Pontife n'a
fait, pour ainsi dire, que ratifier les choix du peuple catholique.
La nomination de Son Ém. le cardinal Dechamps a été accueillie
avec joie en Belgique par tous les partis : les Belges sont fiers
de leur primat, et ils ont raison.

LE PAPE LÉON XIII

S.S. LÉON XIII.

LE PAPE LÉON XIII

E 2 février 1878, les catholiques célébraient le soixante-quinzième anniversaire de la première communion de Pie IX ; en même temps, l'on commençait à préparer à Rome une nouvelle et plus imposante manifestation pour le 16 juin 1878. A cette époque, Pie IX devait accomplir sa trente-deuxième année de pontificat et atteindre les années de pontificat de saint Pierre, non plus seulement à Rome, mais encore à Antioche. Le 7 février, le Saint-Père, dont la santé paraissait s'améliorer depuis quelques jours, mourait après quelques heures d'agonie. Ce fut comme un coup de foudre pour les catholiques qui, voyant Pie IX reprendre des forces, espéraient qu'il serait conservé

encore quelques années à l'Eglise, et qu'après avoir vaillamment supporté les épreuves, il assisterait au triomphe.

Une prophétie circulait en Italie, qui disait que le roi Victor-Emmanuel mourrait avant le Pape, mais que celui-ci le suivrait dans le délai d'un mois. Cela s'est réalisé. Pie IX est mort vingt-neuf jours après Victor-Emmanuel; le Pontife spolié a suivi le prince spoliateur pour lequel il s'était montré si généreux.

D'autres prophéties, dont l'origine est facile à deviner, annonçaient que la mort de Pie IX serait le signal pour l'Eglise catholique, sinon d'une dissolution, au moins d'une crise très-violente. A entendre ces prophètes de malheur, la papauté n'était plus défendue que par le respect et l'estime qu'inspirait Pie IX. Lui disparu, tout s'effondrerait. De ces prédictions, les catholiques s'effrayaient peu. Elles ne sont pas nouvelles, et toujours l'événement est venu les démentir. A la fin du siècle dernier, au moment où Pie VI mourait captif à Valence, le Directoire triomphait de la mort du dernier des soi-disant ci-devant Papes; les troupes françaises occupaient toute l'Italie, les nations étrangères paraissaient se soucier peu de la papauté. Quelques semaines après, le conclave se réunissait à Venise et élisait Pie VII, qui devait rentrer à Rome, grâce aux victoires d'un général schismatique, et signer le Concordat avec le général Bonaparte, encore en Egypte.

La mort de Pie IX a montré quelle place tenait dans le cœur des catholiques le Pontife captif. Partout le deuil a été spontané, deuil non commandé, mais d'autant plus touchant, auquel on a vu des protestants s'associer. Le conclave s'est librement réuni ; il a été laissé pleinement libre dans son choix ; tous les cardinaux étaient présents, sauf un seul, S. Em. le cardinal Brossais Saint-Marc, archevêque de Rennes, auquel sa santé n'avait pas permis de faire le voyage de Rome. L'entrée en conclave a eu lieu le lundi soir, et dès le mercredi, après le troisième scrutin, S. Em. le cardinal Caterini, doyen de l'ordre des diacres, venait dire à la foule assemblée et anxieuse : « Je vous annonce une grande joie : Nous avons un Pape, l'éminentissime et révérendissime cardinal Pecci, qui a pris le nom de Léon XIII. » D'unanimes acclamations accueillaient cette nouvelle, qui avait un retentissement immense dans tout l'univers.

Il y a quelques mois, Pie IX, questionné sur la guerre d'Orient, disait : « Hé ! mon Dieu, la guerre d'Orient aura aussi son utilité pour l'Eglise : le Pape mourra, et les puissances, engagées dans l'inextricable fouillis de la question d'Orient, laisseront toute liberté au conclave. » Il était impossible de prévoir plus juste.

I

Joachim Pecci est né à Carpinetto, petite ville du diocèse d'Anagni, faisant partie des Etats Pontificaux, le 2 mars 1810 : il entre donc dans sa soixante-neuvième année. Il appartient à une famille de noblesse ancienne, venue de Sienne, mais qui n'a pas joué un grand rôle.

Le jeune Pecci vint de bonne heure à Rome, que sa famille habite pendant une partie de l'année. Après des études brillantes au Collége Romain, il entra à l'Académie des nobles ecclésiastiques, à l'exemple de tous les jeunes gens de famille noble des États Romains qui se destinaient soit à l'état ecclésiastique, soit aux fonctions administratives. Ses succès ne furent pas moins grands à cette Académie qu'au Collége Romain, et ils appelèrent sur lui l'attention de Grégoire XVI. Le 16 mars 1837, ce Pape, qui savait discerner les hommes, le nommait prélat de sa maison et référendaire à la signature, quoiqu'il eût à peine vingt-sept ans.

Ce n'était qu'un premier pas. Bientôt Mgr Pecci était nommé délégat à Bénévent. C'était une charge difficile qui lui était ainsi confiée pour ses débuts. La délégation de Bénévent, par suite de son éloignement de Rome, de son voisinage de la frontière napolitaine et de sa configuration montagneuse, était désolée par des brigands qui trouvaient un certain appui dans la population. Le premier soin du jeune délégat fut de purger la province de ces bandits. L'entreprise était hasardeuse, mais Mgr Pecci était décidé à ne reculer devant aucune mesure. Il avait choisi lui-même à Rome un employé actif et dévoué, du nom de Sterbini. Il se rendit à Naples et obtint du gouvernement napolitain, avec l'assurance d'un appui effectif, des prescriptions rigoureuses qui enlevaient aux bandits une ressource dont ils ne manquaient pas d'user lorsqu'ils étaient serrés de trop près :

ils franchissaient la frontière napolitaine, et grâce à la faiblesse,
sinon à la connivence des autorités et des troupes sur ces fron-
tières, ils se trouvaient à l'abri. Ces mesures prises, Mgr Pecci
se mit résolûment à l'œuvre et en quelques mois le brigandage
avait disparu. Voilà les faits ; ils sont assez remarquables et font
assez honneur au délégat, pour qu'on n'ait pas besoin de les
enjoliver par des anecdotes romanesques, que les journaux, en
s'occupant de Léon XIII, ont reproduites avec complaisance,
mais dont l'authenticité reste à prouver.

Les soins que Mgr Pecci apportait à la destruction du brigandage ne lui faisaient négliger aucune des branches de l'administration ; la délégation de Bénévent était comme restaurée par
son habile et énergique administrateur. On lui en était recon-
naissant, ce qui n'arrive pas toujours. Une maladie grave ayant
mis sa vie en danger, ce fut un deuil général ; des prières publiques furent dites dans toutes les églises et les populations orga-
nisèrent spontanément des « processions de pénitence, les pieds
nus et la tête couverte d'un voile » (Teste, *Préface au Conclave*). Les prières des Bénéventins furent exaucées ; le délégat
recouvra la santé, mais ses administrés ne le gardèrent pas longtemps. La délégation de Bénévent réorganisée n'avait plus
besoin d'un administrateur aussi habile ; le pape Grégoire XVI,
qui tenait à utiliser les talents et l'énergie de Mgr Pecci, lui
confia successivement deux autres délégations, celles de Spolète
et de Pérouse. Le jeune administrateur ne réussit pas moins
qu'à Bénévent, et son passage à Pérouse présenta même cette
curieuse particularité, c'est qu'à un moment donné les prisons

de la ville se trouvèrent vides, tellement il avait su en même temps calmer les esprits et convaincre tout le monde qu'il ferait pleine justice de tous les méfaits. Il est douteux que, dans toute l'histoire de la ville de Pérouse, on puisse noter un fait analogue.

En 1843, Mgr Pecci fut rappelé à Rome par le pape Grégoire XVI, qui le préconisa archevêque de Damiette *in partibus infidelium*, et lui confia la nonciature de Belgique. Le nouveau nonce qui n'avait que trente-trois ans fit preuve d'autant de prudence et de sage fermeté qu'il avait montré d'énergie dans ses délégations. Il acquit rapidement une grande influence sur le roi Léopold qui, tout protestant qu'il était, avait beaucoup d'affection pour le nonce apostolique Quant aux catholiques belges, ils n'ont jamais oublié l'ancien nonce de Bruxelles, et dès que la nouvelle de l'élection de Léon XIII a été connue, tous les journaux catholiques se sont empressés de publier d'intéressants récits du séjour de Mgr Pecci dans leur pays. Du reste, si les catholiques belges se souvenaient, le prélat de son côté n'oubliait pas. Evêque de Pérouse, il demanda à la Belgique les sœurs de la Providence de Champion et les frères de la Miséricorde de Malines. Plus tard, aux fêtes de la cinquantaine d'épiscopat du pape Pie IX, le cardinal Pecci, alors à Rome, se fit un devoir de présenter lui-même au Saint-Père les pèlerins belges : « Je vous accompagnerai au Vatican, dit-il à Mgr de Montpellier, évêque de Liége, son vieil ami depuis le Collége Romain, car je ne veux jamais oublier que je suis Belge aussi. »

Et cependant, le séjour de Mgr Pecci en Belgique fut court ;

sa santé ne pouvait se faire au climat de Bruxelles, et malgré les services qu'il pouvait rendre, Grégoire XVI dut le rappeler. Lorsque le nonce prit congé du roi Léopold, celui-ci lui conféra le grand cordon de son ordre et, d'après M. Teste dans l'ouvrage déjà cité, lui remit pour le Pape un pli cacheté. Lorsque Mgr Pecci, qui avait pris pour revenir à Rome le chemin des écoliers, visitant à loisir une partie de l'Europe, arriva dans la Ville Éternelle, il s'acquitta de la commission que lui avait donnée le roi des Belges. Grégoire XVI prit connaissance du pli royal et ne cacha pas au nonce que le roi demandait pour lui le chapeau de cardinal. Le Pape ajouta que volontiers il déférerait aux désirs du prince; mais d'autre part les habitants de Pérouse, qui venaient de perdre leur évêque, demandaient qu'on leur donnât pour pasteur leur ancien délégat. Sa Sainteté ne pouvait se refuser à leur demande; d'ailleurs, l'évêque de Pérouse n'attendrait pas longtemps le chapeau cardinalice.

Cela se passait au commencement de l'année 1846. Mgr Pecci était préconisé archevêque-évêque de Pérouse dans le consistoire du 19 janvier 1846. En même temps, Grégoire XVI le créait cardinal, mais en le réservant *in petto*. La mort du Pape ne lui laissa pas le temps de publier la nomination, qui dès lors était non avenue. Les créations *in petto* d'un Pape n'engagent pas son successeur, alors même qu'il en resterait des témoignages certains, ce qui arrive rarement. Il y a deux ans, Pie IX, voulant faire exception à cette règle et assurer le chapeau à des cardinaux réservés *in petto*, spécifia que, s'il mourait avant de les avoir publiés, ils feraient partie de plein droit du Sacré-

Collége. La précaution fut inutile, ces cardinaux ayant été publiés depuis. Il n'y a donc rien d'étonnant à ce que Mgr Pecci, créé cardinal par Pie IX en 1853, ait été réservé *in petto* par Grégoire XVI dans le consistoire du 19 janvier 1846, à la demande du roi Léopold.

II

L'épiscopat de Mgr Pecci se partage en deux périodes distinctes : pendant la première, qui va jusqu'en 1859, Pérouse reste sous la domination pontificale ; pendant la seconde, le diocèse de Mgr Pecci fait partie du royaume de Victor-Emmanuel.

Il était naturel que l'évêque retrouvât l'influence qu'avait eue le délégat apostolique ; et cette influence, Mgr Pecci l'a conservée, malgré l'annexion piémontaise, jusqu'au jour où il a quitté Pérouse pour Rome, où l'appelait la charge de camerlingue de la sainte Eglise. Grâce à cette influence, il parvint, dans des circonstances critiques, notamment en 1848, lorsque Pie IX fut obligé de quitter Rome, à éviter bien des désordres. Si, plus tard, le prélat fut moins heureux et ne parvint pas à empêcher certains mouvements, c'est que le gouvernement piémontais était là, prodiguant l'or et inondant de ses agents les provinces pontificales.

L'attention que l'ancien délégat donnait aux questions politiques ne l'empêchait pas de remplir en conscience ses devoirs d'évêque à l'égard de son clergé. Par une fermeté mêlée de douceur, il sut faire disparaître bien des abus. Comprenant la nécessité de prêtres instruits en présence des menées de la libre-pensée et de la propagande protestante de bibles falsifiées qu'il dénonçait à ses ouailles dans un de ses plus remarquables mandements, Mgr Pecci fonda une académie de Saint-Thomas où l'on expliquait les ouvrages du grand Docteur ; il suivait de près les exercices, présidait les discussions auxquelles il ne dédaignait pas de prendre part et tenait compte aux ecclésiastiques de la science et de la bonne volonté dont ils faisaient preuve.

Dans le consistoire du 19 décembre 1853, Mgr Pecci fut créé cardinal et le titre presbytéral de Saint-Chrysogone lui fut assigné. On s'attendait généralement à Rome, où le nouveau cardinal était apprécié, à le voir nommé à quelque charge importante qui l'appellerait près du Pape. Il n'en fut rien, et le cardinal Pecci resta archevêque-évêque de Pérouse. Cette espèce d'oubli a été attribué à l'influence du cardinal Antonelli, le tout-puissant secrétaire d'Etat, auquel le cardinal Pecci était peu sympathique. Le premier redoutait, dit-on, la présence à Rome du second dont il connaissait la valeur personnelle et qui ne cachait pas qu'il désapprouvait certains actes du secrétaire d'Etat. Certainement les bruits répandus à cet égard sont exagérés, mais les dissentiments des deux cardinaux sont incontestables.

Du reste, ces dissentiments ne diminuaient en rien le dévouement du cardinal Pecci au Pape et sa fidélité à remplir ses devoirs épiscopaux. On en eut de nombreuses preuves, lorsque le drapeau piémontais flotta sur Pérouse. Le 20 janvier 1860, le cardinal Pecci, d'accord avec le chapitre de la cathédrale de Pérouse, « réprouvait avec indignation les menées astucieuses employées pour s'emparer du principal civil du Pape, et les efforts visibles faits pour dépouiller le Pontife romain de sa dignité et de son indépendance et semer la révolte et le schisme au centre même de l'unité catholique ». Il « protestait contre des desseins aussi ténébreux et adressait au Prince des pasteurs, dont Pie IX était le vivant oracle et l'auguste vicaire, des prières ardentes pour qu'il ne permette pas la réussite de ces coupables et sacriléges machinations ». Il terminait en demandant au Pontife spolié sa bénédiction apostolique pour devenir « plus constant dans l'obéissance qu'il lui devait et dans la profession et la défense de l'unité catholique ».

Jamais le cardinal Pecci n'a dévié de ces sentiments ; le gouvernement piémontais qui, connaissant ses difficultés avec le cardinal Antonelli, espérait sans doute quelques concessions, qu'il aurait largement récompensées, n'obtint rien. Jamais aucun agent de ce gouvernement ne vit ouvrir devant lui la porte du palais épiscopal. Ni les ménagements des premiers temps, ni les rigueurs qui suivirent, n'obtinrent rien. Si le cardinal Pecci n'eut pas à subir la prison comme le cardinal de Angelis, archevêque de Fermo, il n'en eut pas moins à souffrir. Son séminaire lui fut enlevé ; peut-être, en le frappant ainsi, espérait-on l'amener à quelque fausse démarche. Le cardinal se borna à recueillir les séminaristes dans son palais épiscopal, se limitant pour lui-même à quelques chambres.

Quelque temps après la mort du cardinal Antonelli, la charge de cardinal-camerlingue se trouva vacante par la mort du cardinal de Angelis, un confesseur de la foi. Cette charge, toujours importante, l'était encore plus à ce moment-là, à cause de l'âge du Pape : le cardinal-camerlingue gouverne pendant la vacance du Saint-Siége. Pie IX songea pour cette charge au cardinal Pecci, qui fut nommé camerlingue dans le consistoire du 21 septembre 1877 et qui vint se fixer à Rome. En même temps, Pie IX désignait dans son testament trois cardinaux qui auraient à prendre la direction des affaires à sa mort : le cardinal Pecci était l'un des trois, les deux autres étaient les cardinaux di Pietro et Bilio.

III

Lorsque le conclave fut appelé à se réunir après la mort de Pie IX, le cardinal Pecci était au premier rang des cardinaux *papables;* on peut même dire que, dans l'opinion générale, il était le premier. Seulement on objectait qu'il était camerlingue, et on rappelait qu'il était presque sans exemple qu'un cardinal-camerlingue eût été élu.

Malgré cela, dès le troisième tour de scrutin, le cardinal Pecci a été élu Pape par 44 voix ; il n'en fallait que 42. Il a même réuni l'unanimité, tous les autres cardinaux ayant accédé par adoration au choix de leurs collègues. La nouvelle de cette élection rapide a été accueillie dans tout l'univers catholique avec une joie encore augmentée par le nom de l'élu. Léon XIII n'a pas été salué par de moindres acclamations que Pie IX. Ona même pu constater, non sans étonnement, que des gouvernements en lutte avec l'Église et des hommes connus par leur hostilité contre la papauté applaudissaient comme les catholiques à l'avénement de Léon XIII. Étaient-ils de bonne foi ?

Le nouveau Pape est d'une taille assez élevée ; il est maigre ; la figure est d'une grande finesse, la voix bien timbrée. Si dans les relations habituelles de la vie il se montre familier, il sait à l'occasion prendre une attitude pleine de dignité.

Déjà on se demande ce que fera Léon XIII, et les suppositions vont vite ; sans s'engager sur le terrain toujours hasardeux des conjectures, on peut, de quelques-uns de ses premiers actes, déduire certaines conséquences.

Le Pape a pris le nom de Léon XIII en souvenir de Léon XII, dont il admirait la fermeté ; le choix d'un nom, lorsqu'il est ainsi motivé, est un indice.

Le premier jour, Léon XIII a donné sa bénédiction à la foule enthousiaste et émue qui se pressait sur la place Saint-Pierre, non pas de la loge extérieure, mais de la loge intérieure. On peut en conclure que, de même que Pie IX, il se considère comme captif au Vatican.

Au roi Humbert, qui exprimait le désir d'assister aux funérailles de Pie IX, le cardinal-camerlingue a répondu qu'il y aurait place pour lui dans la tribune des princes étrangers. Cela n'indique pas le dessein de se réconcilier avec le gouvernement unitaire en sacrifiant les droits de l'Église.

Les armes de Léon XIII se blasonnent ainsi : D'azur, au cyprès de sinople (à enquerre), posé sur une terrasse de même, adextré en chef d'une comète d'or et accosté en pointe de deux fleurs de lys du même, à la fasce arquée, brochant sur le tout. Ces armes ont été très-commentées. Une vieille prophétie qui porte, très-probablement à tort, le nom de saint Malachie, désignait Pie IX par cette devise : *Crux de cruce,* et son successeur : *Fulgens in cœlo.* Pour Pie IX, la devise a été bien justifiée : les croix sont venues au Pontife de la croix de Savoie. La seconde devise, *Fulgens in cœlo*, n'est pas moins justifiée pour un Pape qui porte dans ses armes une comète sur champ d'azur, *fulgens in cœlo.*

Il y aurait de l'ingratitude de la part d'un Français à oublier les paroles relatives à la France qu'a prononcées Léon XIII avant et après son élection. Recevant, en sa qualité de cardinal-camerlingue, une députation des pèlerins français qui était chargée de lui remettre une adresse de dévouement à l'Église, le cardinal Pecci, qui parle bien le français, a rendu hommage au dévouement de la France pour l'Église ; il a parlé des « Français toujours si attachés au Saint-Siége, toujours si généreux pour l'Église », et il a terminé ainsi : « Nous remercions la France et nous prions pour qu'elle renoue avec ses traditions de foi et de grandeur. Elle est aujourd'hui dans une position douloureuse, mais espérons que les prières et le zèle de ses enfants attireront sur elle les grâces du ciel, et que bientôt elle reprendra son poste, poste de gloire et d'honneur, qu'elle a occupé si vaillamment, et qui a accrédité parmi les peuples cette devise que vous saurez réaliser : *Gesta Dei per Francos.* » Trois jours après, Léon XIII, bénissant la France à la demande du cardinal Guibert, en parlait avec la même sympathie.

AMAND VILLIERS.

LE CARDINAL DONNET

ARCHEVÊQUE DE BORDEAUX

MGR DONNET.

LE CARDINAL DONNET

ARCHEVÊQUE DE BORDEAUX

E cardinal Donnet n'est le doyen de l'épiscopat français ni par l'âge, ni par l'ancienneté ; le doyen d'âge des évêques français est Mgr Sola, ancien évêque de Nice, chanoine de Saint-Denis du premier ordre ; le doyen, comme évêque, est Mgr Féron, évêque de Clermont-Ferrand, dont la préconisation épiscopale remonte à 1833 ; le cardinal Donnet est seulement le plus ancien des archevêques et des cardinaux français.

I

François-Auguste-Ferdinand Donnet est né à Bourg-Argental, département de la Loire, le 16 novembre 1795, au moment où la Terreur finissait pour faire place aux abaissements du Directoire. Son père, François Donnet, était docteur-médecin; sa mère, Magdeleine Reynaud, femme intelligente et pleine de cœur, eut sur l'enfant une influence des plus heureuses. Le jeune Donnet appartenait à une famille chrétienne, et de bonne heure il reçut les caresses et la bénédiction d'un des plus admirables confesseurs de la foi de la fin du siècle dernier, Mgr d'Aviau du Bois de Sanzay, dernier archevêque de Vienne. Le courageux prélat était resté en France pendant les plus mauvais jours de la Révolution, alors que les prêtres fidèles étaient proscrits, et la maison du docteur Donnet était une de celles où il avait trouvé un asile. Cette courageuse hospitalité donnée à des confesseurs de la foi se retrouve au berceau de plusieurs des illustrations du clergé français au XIXe siècle. Mgr d'Aviau, lorsqu'il bénissait l'enfant de la maison hospitalière où il avait été accueilli, se doutait-il qu'il serait son deuxième successeur sur le siége archiépiscopal de Bordeaux ?

Ferdinand Donnet annonçait d'heureuses dispositions que ses parents se firent un devoir de cultiver. Il commença ses études de bonne heure à Annonay, sous la direction de l'abbé Aude, qui, à l'exemple de bien d'autres prêtres, s'était voué à l'instruction dès que cela avait été possible. C'est là un service que nombre de professeurs des universités détruites et des congrégations enseignantes dispersées et décimées ont rendu et qu'on oublie trop. Le jeune enfant resta trois ans sous la direction de l'abbé Aude, de 1805 à 1808; puis il entra au collége d'Annonay, fondation de Mgr d'Aviau, où il passa quatre années. S. Em. le cardinal Donnet a rappelé lui-même son séjour dans

ce collége, dont il a gardé le meilleur souvenir. Il écrivait le
16 avril 1863 à M. Soin, curé-archiprêtre d'Annonay :

« Si je ne trouve pas la place de mon berceau dans votre
ville, puis-je oublier que j'y ai reçu la vie de l'intelligence et que
c'est au milieu de vous tous que j'ai passé les belles années de
ma première jeunesse, dans un collége fondé par Mgr d'Aviau,
de sainte mémoire, successivement archevêque de Vienne et de
Bordeaux? C'est là que, sous des maîtres pieux et dévoués, mon
esprit s'est ouvert aux saintes lumières; c'est là que j'ai entendu
la voix qui m'appelait au service des autels; c'est dans la chaire
de votre église que, jeune prêtre, j'allais essayer mes forces
dans le ministère des missions; c'est là enfin que je reviens toujours avec une joie nouvelle, comme au véritable berceau de
ma vie chrétienne et sacerdotale. »

On comprendra sans peine que l'éminent prélat qui a écrit
ces lignes soit aussi populaire à Annonay que dans son propre
pays, à Bourg-Argental, où cependant sa popularité est immense.

C'est en 1812 que, la « voix qui appelait le jeune étudiant au
service des autels » se faisant entendre et ses études littéraires
étant terminées, il quitta Annonay pour se rendre au séminaire
de Saint-Irénée à Lyon, où il fit ses études théologiques. Il alla
ensuite professer les humanités au collége ecclésiastique de
Belley. Le jeune professeur — il avait à peine vingt ans — s'acquitta très-bien de cette mission qui ne paraissait pas être de
son âge; et lorsque, trois ans après, il revint à Lyon, ce fut
pour recevoir la prêtrise, en 1819.

Le jeune prêtre fut placé comme vicaire à la Guillotière; il ne fit qu'y passer. Le cardinal Fesch avait fondé dans l'ancien couvent des Chartreux de Lyon un établissement de hautes études ecclésiastiques destiné à former les prêtres qui feraient preuve d'aptitude particulière pour la prédication et l'enseignement. De cette maison des Chartreux sont sortis de nombreux et illustres prélats. M. l'abbé Donnet y fut appelé; et, pendant son séjour dans cette maison, il fut souvent employé à des missions, dont la première, comme le rappelle S. Em. le cardinal Donnet dans la lettre citée plus haut, eut lieu à Annonay.

Mais M. l'abbé Donnet ne devait pas commencer encore sa carrière de missionnaire; il fut nommé curé d'Irigny. C'était un poste difficile qu'on lui confiait. Comme le dit, dans une courte, mais excellente biographie, l'historien d'Annonay, M. l'abbé Filhol, chanoine honoraire de Viviers, « la paroisse d'Irigny, se trouvant en proie à des dissensions intestines, excitées par l'effervescence des passions politiques, avait besoin d'un pasteur qui joignît à beaucoup de prudence et de dextérité une grande mansuétude évangélique. Le succès prouva bientôt l'opportunité d'un pareil choix. Une année s'était à peine écoulée qu'Irigny avait pris un aspect tout nouveau : les ressentiments étaient calmés, les haines apaisées, la concorde rétablie, et la religion avait reconquis son empire sur les cœurs. »

Une circonstance inattendue arracha l'abbé Donnet à sa paroisse d'Irigny, calmée et réorganisée par lui. L'archevêque de Tours, Mgr de Chilleau, avait fondé, sous le nom de *Missionnaires de Saint-Martin* une société de prêtres qui devaient

prêcher des missions dans le diocèse de Tours. A cette société
il fallait un chef, et l'archevêque de Tours songea à l'abbé Donnet, dont il connaissait le zèle et le mérite. L'abbé Donnet
reprit donc les missions qu'il avait abandonnées; il parcourut
avec ses missionnaires la plupart des paroisses du diocèse de
Tours, et, ce théâtre restreint ne suffisant pas à son activité, il
prêcha des missions et des retraites ecclésiastiques dans diverses
villes, notamment à Bordeaux, où il devait revenir quelques
années plus tard comme archevêque. Annonay ne fut pas oublié;
l'abbé Donnet y prêcha le jubilé de 1826, et il condescendit
même, malgré ses multiples occupations, à donner les exercices
de la retraite annuelle aux élèves du collége où il avait été
élevé.

M. l'abbé Donnet n'avait pas cessé de faire partie du clergé
du diocèse de Lyon; en 1828, l'administrateur du diocèse,
Mgr de Pins, le rappela et lui confia la cure de Villefranche, où
il resta sept ans. Dès son arrivée, deux malheureux événements
fournirent au nouveau curé l'occasion de se faire connaître de
ses paroissiens. « Une affreuse inondation, bientôt suivie d'un
terrible incendie, vint répandre, dit M. l'abbé Filhol, la con-
sternation et l'effroi. Dans ces deux sinistres circonstances, l'in-
trépide curé fut le premier à voler où le danger était le plus
imminent; il organisa les secours avec une présence d'esprit et
une précision admirables ; il exposa même plusieurs fois sa vie
pour arracher à la mort de malheureux abandonnés qui avaient
perdu tout espoir de salut. » On comprend toute l'influence
qu'une semblable conduite donnait au curé et il sut s'en servir

pour le bien de ses paroissiens. Il a été dit que les pompiers de Villefranche, voulant donner à l'abbé Donnet un témoignage de leur admiration, l'avaient nommé capitaine honoraire de leur compagnie; le fait est-il vrai ? Il est déjà significatif qu'il ait pu être raconté.

Dans une circonstance mémorable, M. l'abbé Donnet usa de l'influence que son dévouement lui avait acquise. C'était en 1830, après la révolution de Juillet. Dans certaines villes, cette révolution avait été le signal de manifestations et même d'émeutes anti-religieuses. Les calomnies de la presse pendant toute la durée de la Restauration, qui étaient devenues très-violentes dans les dernières années, portaient leurs fruits. L'église de Villefranche fut menacée ; M. l'abbé Donnet, prévenu, accourut; il se plaça sur la porte de son église et fit tête aux émeutiers ; sa fermeté, aidée sans doute par le souvenir de ce qu'il avait fait, arrêta même les plus exaltés. L'église de Villefranche fut respectée.

II

M. l'abbé Donnet était depuis sept ans curé de Villefranche, lorsqu'il fut appelé à l'épiscopat par le choix d'un confesseur de la foi. L'évêque de Nancy était alors Mgr de Forbin-Janson, prélat plein de zèle, qui avait créé, avec le Père Rauzan, l'Œuvre des Missions. Après la révolution de 1830, il se vit forcé de quitter son diocèse. Le gouvernement, loin de le soutenir, n'aurait pas été fâché de profiter de cette occasion pour forcer un prélat que son dévouement aux Bourbons lui rendait suspect, à donner sa démission ; mais Mgr de Forbin-Janson n'était pas homme à sacrifier l'indépendance épiscopale aux fluctuations de la politique. D'autre part, son diocèse souffrait de l'absence de l'évêque. Pour arranger les choses, il fut convenu que l'on donnerait à l'évêque un coadjuteur qu'il choisirait lui-même et qui administrerait le diocèse de Nancy. Mgr de Forbin-Janson fit choix de M. l'abbé Donnet, qui lui fut donné pour coadjuteur avec le titre d'évêque de Rosa *in partibus infidelium*. Non content de l'avoir choisi pour coadjuteur, Mgr de Forbin-Janson voulut encore le sacrer lui-même, le 30 mai 1835.

Mgr Donnet retrouvait à Nancy, sur une plus vaste échelle et à un plus haut degré, les difficultés contre lesquelles il avait eu à lutter à Irigny ; il parvint de même à en triompher. Au bout d'une année, il s'était fait accepter même des plus prévenus ; il avait commencé la création d'œuvres utiles, et tout lui présageait un fructueux épiscopat lorsque, le 30 novembre 1836, il fut appelé à l'archevêché de Bordeaux.

Mgr Donnet succédait au cardinal de Cheverus, qui avait lui-même remplacé Mgr d'Aviau du Bois de Sanzay. Comme le dit M. l'abbé Filhol, après « deux prélats qui ne s'étaient pas moins illustrés par l'éclat de leurs vertus que par les nombreuses institutions dont ils avaient enrichi leurs diocèses, la tâche devenait plus difficile. Mais si Mgr Donnet ne pouvait faire oublier les d'Aviau et les Cheverus, parce que la mémoire de tels hommes est impérissable, leur héritage n'a pas périclité entre ses mains ; car il n'a cessé, non-seulement de maintenir le bien qu'ils avaient produit, mais de l'accroître encore par tous les moyens à sa disposition. Rien, en effet, ne paraît étranger au zèle de l'archevêque de Bordeaux. Il a fondé plusieurs communautés de religieux de différents ordres qui ont imprimé à l'Œuvre des Missions et des Retraites paroissiales un prodigieux essor. Il a créé une centaine de nouvelles paroisses qu'il a dotées de leur église et de leur presbytère. Il a donné une heureuse extension à ces associations pieuses et charitables qui se proposent de combattre le vice tout en procurant des secours aux malheureux. Il s'est montré toujours favorable à la propagation des sciences et des arts, ne négligeant rien pour développer les institutions scientifiques et littéraires que possède son diocèse. C'est ce même sentiment qui lui faisait dire un jour : « Je ne serai content que lors-« que je verrai établis dans chaque paroisse un bon instituteur « pour nos chers enfants et une sœur de charité pour nos pau-« vres malades. »

Le zèle de Mgr Donnet ne se bornait pas à son diocèse. Primat d'Aquitaine, comme archevêque de Bordeaux, il fut un des premiers à profiter de la liberté laissée aux évêques, à la suite de la révolution de 1848, relativement aux conciles provinciaux. Après deux siècles d'interruption, résultat des traditions césariennes de la monarchie et des prétendues libertés de l'Église gallicane, les évêques de la vaste province ecclésiastique de Bordeaux trouvèrent réunis dans cette ville en 1850 ; ce premier concile provincial fut suivi de ceux de La Rochelle (1853), Périgueux (1856), Agen (1859), Poitiers (1868). Dans plusieurs de ces conciles furent prises des résolutions de la plus haute importance. Les Pères du concile étaient nombreux, car la province ecclésiastique de Bordeaux est très-vaste et comprend même, hors de France, les trois évêchés coloniaux de Saint-Denis de la Réunion, de Saint-Pierre (Martinique) et de Fort-de-France (Guadeloupe). Métropolitain des évêchés français des Antilles, Mgr Donnet fut au nombre des prélats qui demandèrent au pape Pie IX l'introduction de la cause de béatification de Christophe Colomb. La question est toujours pendante à Rome.

Mgr Donnet fut créé cardinal par Pie IX le 15 mars 1852; il se rendit l'année suivante à Rome pour recevoir le chapeau, et le titre de Sainte-Marie *in viâ* lui fut assigné. Cette haute dignité ne pouvait qu'augmenter l'attachement de l'archevêque de Bordeaux pour le Saint-Siége et pour le Pape. Les occasions de montrer cet attachement ne lui manquèrent pas. En sa qualité de cardinal, Mgr Donnet était sénateur de droit. Pendant les premières années, la politique impériale, si elle n'était pas nettement chrétienne, n'inspirait aucune appréhension aux catholiques. La situation commença à se modifier après le congrès de Paris en 1856, où le comte de Cavour, avec la connivence du comte Walewski, président du congrès, put attaquer le gouvernement pontifical avec beaucoup de vivacité et de mauvaise foi. Toutefois, ce n'était là qu'un incident qu'on aurait bien vite oublié, s'il n'avait pas eu pour conséquence la guerre de 1859. Glorieuse pour nos troupes, la campagne d'Italie causa aux catholiques de vives appréhensions que vinrent trop tôt justifier la proclamation de l'empereur aux Italiens et la marche du prince Napoléon, gendre du roi Victor-Emmanuel, dans les Légations. Le cardinal Donnet se fit l'interprète autorisé des craintes et des désirs des catholiques au mois d'octobre 1859, lors d'un passage de l'empereur à Bordeaux. Recevant le prince sur le seuil de la cathédrale, il lui demanda, dans un langage plein d'élévation et de fermeté, de rassurer les catholiques sur les suites que la campagne d'Italie pouvait avoir pour le Souverain Pontife, et lui rappela que la France était la fille aînée de l'Église. L'empereur ne sut pas ou ne voulut pas comprendre le langage du prélat; il lui fit, avec une irritation mal déguisée, une réponse qui ne permettait plus de se faire illusion sur sa politique. La réponse impériale fut applaudie, non-seulement par les journaux officieux, mais même par les journaux de l'opposition avancée, qui étaient ennemis de la papauté encore plus que partisans de l'unité italienne, et qui sans doute comprenaient que Napoléon III travaillait pour eux. Par la même occasion, les uns et les autres attaquaient fort le prélat que volontiers ils auraient accusé d'ingratitude. Si à Chislehurst la mémoire de l'empereur Napoléon s'est reportée sur la scène imposante de Bordeaux; si le prince s'est rappelé les prophétiques avertissements que, sur le seuil de la cathédrale, lui donnait le cardinal, il aura sans doute regretté de n'avoir pas tenu compte de ces avertissements et de s'être fié aux applaudissements de ses thuriféraires et de ses pires ennemis.

La politique impériale suivit son cours, l'unité italienne se continua, grâce à l'appui ouvert ou latent de la France, ou plutôt de son gouvernement. Le cardinal Donnet ne cessa de prodiguer des avis toujours méconnus ; à diverses reprises, il prit la parole au Sénat, signalant, comme tous les autres cardinaux, les dangers de la route suivie. Ce fut en vain, et l'unité italienne se fit le 20 septembre 1870, après la capitulation de Sedan et la révolution du 4 septembre.

Le pouvoir temporel ne fut pas la seule cause que le cardinal Donnet défendit au Sénat de sa parole autorisée et toujours écoutée avec déférence ; il prit également part aux discussions sur l'enseignement primaire et supérieur, et là encore il donna des avertissements qui ne furent pas mieux écoutés. Un jour, sur une question accessoire, le cardinal émut profondément l'Assemblée. On discutait une pétition relative aux inhumations précipitées et demandant que des mesures fussent prescrites pour bien constater la mort. Mgr Donnet prit la parole ; il raconta l'histoire d'un jeune prêtre qui était tombé en léthargie et qui avait toutes les apparences d'un mort. Trompé par ces apparences, on crut qu'il était réellement mort et l'on fit tous les préparatifs de l'enterrement ; et lui, réduit à l'immobilité, comprenait tout : il suivait ces préparatifs effrayants et voyait approcher le moment où, tout vivant, il serait enfermé dans le cercueil. Heureusement la léthargie cessa à temps. En terminant cet effrayant récit, le cardinal Donnet ajouta : « Ce jeune prêtre, messieurs, c'était moi. » On comprend quelle dut être l'émotion.

Dans les dernières années de l'Empire, Mme la duchesse de Parme, sœur de M. le comte de Chambord, mourut en exil ;

Victor-Emmanuel l'avait spoliée de ses États comme les autres princes italiens. Dans beaucoup de villes de France, des services furent célébrés pour la descendante des rois de France. La princesse était française ; régente après la mort de son mari, tombé sous les coups d'un assassin, son premier acte avait été d'écrire au Pape pour lui demander sa bénédiction et ses conseils ; à ce double titre, elle méritait les honneurs funèbres qui lui furent rendus, et le cardinal Donnet présida lui-même à la cérémonie qui eut lieu à la cathédrale. Alors, cette conduite fut incriminée : on voulut y voir un acte audacieux d'opposition. Aujourd'hui que les passions sont calmées, il ne se trouverait personne pour blâmer la conduite pleine de dignité du cardinal.

Le dévouement du cardinal Donnet au Pape, dévouement affirmé à la tribune du Sénat, l'avait conduit plusieurs fois à Rome, et il était de ces belles assemblées d'évêques qui préparaient et présageaient la magnifique assemblée du concile. Cependant le cardinal ne put pas assister à l'ouverture du concile : une grave maladie le retenait à Bordeaux. Dès que sa santé le lui permit, il partit pour Rome ; il tenait d'autant plus à s'y rendre qu'il espérait par son influence calmer l'opposition que les prélats inopportunistes faisaient à la proclamation du dogme de l'infaillibilité. S'il ne réussit pas, au moins put-il joindre sa voix à celle des prélats qui se prononcèrent pour la proclamation immédiate du dogme.

Pendant la guerre de 1870-71, Bordeaux devint, après Tours menacé par les Prussiens, le séjour de la délégation du gouvernement de la Défense nationale. Le cardinal Donnet n'eut pas, comme Mgr Guibert, à offrir l'hospitalité à MM. Gambetta, Crémieux et Glais-Bizoin ; la ville de Bordeaux n'était pas dépourvue comme Tours de logements convenables, et les chefs du gouvernement trouvèrent facilement à s'installer. Le prélat n'eut donc pas avec les dictateurs des rapports directs et constants ; il s'employa cependant utilement pour l'Église, et contribua à mener à bonne fin la nomination à la Guadeloupe de Mgr Fava, déjà préparée à Tours. Cette colonie était privée d'évêque depuis onze ans, par suite de la persistance de l'empereur à imposer au Pape un prêtre qu'il ne pouvait accepter. Après la réunion de la Chambre, le cardinal Donnet, « qui donnait l'hospitalité au nonce, Mgr Chigi, maintenant cardinal, rendit un service peut-être plus important ». Tous les prélats inopportunistes s'étaient soumis de cœur aux décisions du concile et acceptaient l'infaillibilité pontificale ; tous, ils avaient fait connaître au Pape leur pleine adhésion, mais, pour quelques-uns au moins, cette adhésion n'avait pas été rendue publique. Le cardinal Donnet, dès que la guerre fut terminée, s'entremit activement pour qu'il fût donné une publicité complète à ces adhésions, et il réussit pleinement. Il prévenait ainsi les calomnieuses interprétations auxquelles le silence de quelques prélats aurait pu donner lieu.

L'archevêque de Bordeaux est d'une excessive bienveillance ; c'est peut-être le trait dominant de son caractère. Jamais on ne s'adresse en vain au cardinal Donnet pour obtenir quelque lettre de recommandation. Celui qui peut aborder le cardinal, — et son abord est des plus faciles, — est certain d'avance de réussir. Cette bonté, si l'on veut, cette faiblesse, est bien connue à Bordeaux. Il en résulte que, malgré l'affection respectueuse qu'inspire le cardinal, ses recommandations ne pèsent pas toujours d'un grand poids. On se demande souvent si une lettre n'a pas été comme arrachée à sa trop grande bonté par un individu qui ne la méritait pas. Un excès de bienveillance n'est guère blâmable, surtout chez un évêque.

Le cardinal Donnet, qui est maintenant dans sa quatre-vingt-troisième année, porte allègrement son âge. Il suit tous les détails de l'administration de son vaste diocèse, fait ses tournées pastorales, préside les cérémonies religieuses, assiste aux fêtes agricoles et industrielles, prononce des discours toujours écoutés avec plaisir, écrit des lettres qui parfois sont de véritables traités sur une question donnée. On lui a donné un coadjuteur, Mgr de La Bouillerie, ancien évêque de Carcassonne, maintenant archevêque de Perga, mais il lui laisse peu de chose à faire. Son activité suffit à tout.

Amand Villiers.

MGR DUPANLOUP

ÉVÊQUE D'ORLÉANS

Mᵍʳ Dupanloup

MGR DUPANLOUP

 ONSEIGNEUR l'évêque d'Orléans compte des admirateurs nombreux et dévoués ; il a également des adversaires, non seulement dans les rangs de la libre pensée, mais même parmi les catholiques. Du reste, admirateurs et adversaires ne peuvent pas ne pas être d'accord sur un point : c'est que Monseigneur Dupanloup a joué un grand rôle. Il n'est pas une question de quelque importance à laquelle il n'ait été mêlé, et souvent son action a été prépondérante. Aucun nom, dans le clergé français, n'a eu plus de retentissement ; il était donc naturel d'ouvrir par lui la série des évêques.

Dans une biographie comme celle-ci, le premier devoir est de se renfermer dans les limites fixées, tout en faisant connaître son héros. Nous serons donc obligé de passer sous silence bien des actes de l'évêque d'Orléans et de signaler rapidement les autres. Cette obligation aura un avantage : elle ne nous permet pas de prendre parti dans les questions, parfois très-complexes, auxquelles Monseigneur Dupanloup a été mêlé, et elle nous réduit au rôle de simple narrateur.

I

Félix Dupanloup est né à Saint-Félix (Savoie) le 3 janvier 1803 ; alors, le drapeau de la France flottait sur son pays. Il est donc né français ; toutefois, comme la Savoie n'est revenue à la France qu'en 1860, Monseigneur Dupanloup a eu besoin de lettres de naturalisation. Elles ne pouvaient lui être refusées, car il était déjà connu et apprécié à Paris.

Dès 1810, à l'âge de huit ans, Félix Dupanloup vint à Paris ; il fit ses premières études à ce petit séminaire de Saint-Nicolas du Chardonnet, qu'il devait plus tard diriger avec beaucoup d'éclat. Du séminaire il passa à Saint-Sulpice, où il a laissé les meilleurs souvenirs ; il s'y trouva avec plusieurs jeunes hommes appelés à un rôle dans l'église, notamment avec l'abbé Xavier de Ravignan, depuis jésuite, qui venait de quitter le monde et de renoncer à la magistrature où ses débuts lui promettaient un brillant avenir. Monseigneur Dupanloup a rappelé l'amitié qui l'unit dès lors au futur conférencier de Notre-Dame, quand il prononça son oraison funèbre.

L'abbé Félix Dupanloup fut ordonné prêtre en 1825. Attaché

à la paroisse de l'Assomption, qui a été remplacée depuis par celle de la Madeleine, il fut chargé des catéchismes et s'acquitta de sa tâche d'une manière qui le fit remarquer. Deux ans après, il était appelé à faire des conférences sur le catéchisme au duc de Bordeaux et à sa sœur ; en 1828, il devenait le catéchiste des fils du duc d'Orléans, et en 1830, quelques mois avant la Révolution de juillet, l'aumônier de madame la duchesse d'Angoulême.

Nous nous bornons à signaler ces faits en passant.

La Révolution de 1830 ne faisait pas perdre son crédit à l'aumônier de la Dauphine ; les jeunes princes d'Orléans n'avaient pas oublié leur ancien catéchiste, qu'appréciaient le roi Louis-Philippe et surtout la reine Marie-Amélie. En 1831, M. l'abbé Dupanloup essaya de fonder une académie de Saint-Hyacinthe qui dura peu ; c'était en même temps une société littéraire et une association pieuse. En 1834, il était chargé d'ouvrir les conférences de Notre-Dame, qui ont pris depuis un si beau développement. La même année, on lui offrait le poste de supérieur du petit séminaire de Saint-Nicolas du Chardonnet ; il refusa et n'accepta que celui de préfet des études. Il resta peu au petit séminaire et fut attaché à la paroisse de Saint-Roch, qui était la paroisse royale, et où il retrouvait les princes dont il avait été le catéchiste. Par une décision qui a été diversement jugée, seul des princes qui ont gouverné la France, Louis-Philippe n'avait pas voulu d'aumônerie royale. En 1837, sur de nouvelles insistances de Monseigneur de Quélen, M. l'abbé Dupanloup accepta la direction

du petit séminaire de Saint-Nicolas du Chardonnet, qu'il porta
à un haut degré de prospérité. Ses succès au séminaire, la
conversion du prince de Talleyrand qu'il assista à son lit de
mort et dont il obtint une rétractation, décidèrent Mgr de
Quélen à le nommer vicaire général de Paris.

M. l'abbé Dupanloup ne conserva pas, sous Mgr Affre,
son poste de vicaire général ; il fut appelé à une chaire à la Sor-
bonne. C'était le moment où le haut enseignement universitaire
attaquait l'Église soit violemment, soit avec une modération
affectée plus dangereuse que la violence ; les universitaires ne
pardonnaient pas aux catholiques leurs revendications de la
liberté d'enseignement ; ils entendaient maintenir le monopole
universitaire. M. l'abbé Dupanloup n'était pas homme à laisser
attaquer l'Église sans répondre, quand son cours lui en fournis-
sait l'occasion ; il était même homme à faire naître cette occasion. Il fut amené à parler de Voltaire et de son école ; il se
montra sévère, comme il convenait à un prêtre catholique, pour
le prétendu philosophe qui a employé sa longue vie et les talents que Dieu lui avait donnés, à la destruction de l'Église.
Dès cette époque, Voltaire avait ses adorateurs qui, tout en
invoquant bien haut la tolérance, se montraient essentiellement
intolérants dès qu'il s'agissait de leur idole. Pour faire taire
M. l'abbé Dupanloup, on eut recours à un moyen infaillible : on
fit du tapage à son cours, que le gouvernement suspendit.
Pendant ce temps-là, MM. Michelet, Quinet, Lerminier, etc.,
avaient carte blanche contre l'Église, et il fallut des provocations
multipliées des deux premiers pour qu'on prît contre eux la

même mesure qui avait été prise sans motif contre M. l'abbé Dupanloup.

La lutte pour la liberté de l'enseignement ne fut pas arrêtée par ces tracasseries gouvernementales. Les catholiques affirmèrent hautement leur programme qui s'appuyait sur une promesse formelle de la Charte; les évêques réclamèrent. De nombreux écrits parurent, parmi lesquels ceux de M. l'abbé Dupanloup furent remarqués. Un coup inattendu, la révolution de février, vint suspendre un moment le débat. Dès que le calme fut rétabli, à la suite de l'élection du prince Louis-Napoléon à la présidence, M. l'abbé Dupanloup, sur la proposition de M. de Falloux, ministre de l'instruction publique et des cultes, fut nommé évêque d'Orléans; il remplaçait Mgr Fayet qu'il avait connu à Saint-Roch.

II

Si les catholiques, après la révolution de février, avaient suspendu momentanément la lutte pour la liberté de l'enseignement, ils ne renonçaient pas à leurs revendications pour l'une des plus précieuses libertés. La République inscrivait la liberté sur son drapeau, elle ne pouvait refuser au père de famille catholique le droit de faire élever son enfant par des maîtres ayant sa confiance. La nomination de M. de Falloux au ministère de l'instruction publique, fut considérée par les catholiques comme un engagement du prince-président de leur donner satisfaction. En effet, une commission extra-parlementaire, dont M. l'abbé Dupanloup faisait, croyons-nous, partie, fut chargée d'élaborer un projet de loi sur l'enseignement secondaire, et de ses travaux sortit la loi de 1850, appelée souvent loi Falloux, du nom du ministre. Ce n'était pas la liberté absolue de l'enseignement telle que la réclamaient les catholiques, mais cette loi permettait au moins aux catholiques d'avoir leurs établissements d'enseignement secondaire en face de ceux de l'État. La loi fut très vivement attaquée et par les universitaires qui tenaient à leur monopole, et par des catholiques qui voulaient la liberté absolue. Mgr Dupanloup fut au nombre de ses plus ardents défenseurs. Son opinion l'emporta et la loi fut votée. Telle qu'elle était et quoique plusieurs ministres de l'instruction publique aient essayé de la fausser par des interprétations forcées, elle a produit d'immenses résultats. C'est grâce à cette loi que tant d'établissements ecclésiastiques d'enseignement secondaire ont pu s'ouvrir.

Deux autres questions qui toutes les deux touchaient à l'enseignement, attirèrent l'attention de Mgr Dupanloup et amenèrent son intervention dans la polémique des journaux : la question des classiques et celle de la bifurcation. Nous ne pouvons que les mentionner en passant. Sur la bifurcation qu'il condamnait, l'événement a donné pleinement raison à l'évêque d'Orléans.

Les ouvrages de Mgr Dupanloup avaient eu un grand retentissement et nul ne fut étonné lorsqu'en 1854 il fut appelé à l'Académie française. Il y prit bientôt une influence prépondérante, et bien des élections sont dues à son action. Certains écrivains lui durent également leurs échecs. Ainsi, en 1863, les libres penseurs mirent en avant les candidatures académiques de MM. Littré, Renan, Henri Martin, etc. Dans un *Avertissement aux pères de famille* qui eut un immense succès, Mgr Dupanloup dévoila les dangers des doctrines matérialistes qu'ils professaient, et MM. Littré et Renan échouèrent. Quelques années plus tard, la situation était changée ; M. Littré fut élu ; Mgr Dupanloup protesta en se retirant. Quoique l'on ait dit, il a maintenu sa démission avec une fermeté à laquelle tous les catholiques ont applaudi.

Très activement mêlé aux questions religieuses, Mgr Dupanloup s'était tenu un peu à l'écart de la politique, lorsque les suites de la campagne de 1859 vinrent lui donner un rôle politique des plus militants. L'Empire avait succédé à la République et, pendant les premières années, l'empereur avait paru désireux de donner des gages aux catholiques. Au moment même de la campagne de 1859, l'empereur, pour rassurer les catholiques, faisait dire aux évêques par son ministre que le Saint-Père n'avait rien à craindre. On sait ce qu'il est advenu de ces promesses. Sans motif, sans qu'une raison stratégique pût motiver ce mouvement, le prince Napoléon occupa les Romagnes et souleva les populations en faveur de son beau-père. Les préliminaires de Villafranca et le traité de Zurich vinrent rendre aux catholiques un peu d'espoir ; le gouvernement impérial laissa déchirer sa signature. Un congrès devait se réunir à Paris pour examiner la question italienne, et déjà le secrétaire d'État du Pape, le cardinal Antonelli, avait annoncé sa venue, lorsque la brochure anonyme de M. de la Guéronnière, le *Pape et le Congrès*, faite sous l'inspiration de l'empereur, éclata comme un coup de foudre et rendit d'avance le congrès impossible. A cette brochure, dont la haute paternité n'était un mystère pour personne, de nombreuses réponses furent faites. Aucune n'eut plus de retentissement et ne produisit plus d'effet que celle de Mgr Dupanloup. Elle avait le double mérite d'arriver vite et d'être d'une forme accessible à tous les lecteurs. Cette brochure fut suivie de nombreux écrits qu'il serait impossible d'indiquer, et qui eurent un immense retentissement. Mgr Dupanloup était toujours sur la brèche, et sa réponse arrivait toujours à temps.

Dans notre marche rapide, nous sommes obligé de négliger bien des faits : la participation de Mgr Dupanloup aux belles manifestations de l'épiscopat à Rome pour la canonisation des martyrs japonais et pour le centenaire de saint Pierre ; sa lettre pour les élections de 1863, lettre qui lui valut, ainsi qu'à Mgr Guibert, alors archevêque de Tours, des reproches ridicules du ministre des cultes, alors M. Rouland ; son zèle pour le denier de Saint-Pierre ; sa lutte contre M. Duruy, lorsque ce ministre voulut organiser des cours destinés à former partout des libres-penseuses ; c'est alors que Mgr Dupanloup publia ses brochures si remarquées sur la femme chrétienne et sur la femme française, etc.

A la réunion à Rome des évêques pour le centenaire de saint Pierre, le pape Pie IX avait annoncé son intention de convoquer

un concile pour le 8 décembre 1869. Le concile se réunit à
l'époque indiquée. On savait d'avance que la question de l'infaillibilité pontificale serait posée. Beaucoup d'évêques désiraient
la définition de ce dogme pour mettre un terme à des polémi-
ques irritantes qui faisaient perdre aux catholiques des forces
dont l'emploi serait plus utile contre les ennemis de l'Eglise ; de
plus, ils se demandaient si, la réunion d'un concile pouvant
devenir impossible par suite de la situation faite au Pape, comme
cela est arrivé après le 20 septembre 1870, il n'était pas urgent
de mettre hors de contestation le magistère suprême du successeur de Pierre. D'autres évêques, au contraire, regardaient
la proclamation du dogme de l'infaillibilité comme inopportune ;
ils y voyaient des dangers de schisme, étant donné l'état des
esprits et surtout les mauvaises dispositions des gouvernements.
Mgr Dupanloup était de ces derniers. Il prit part à la lutte enga-
gée avant le concile ; il réunit contre l'opportunité de nombreux
arguments dont plusieurs ont été invoqués depuis, sans son
assentiment, contre le dogme lui-même. Au concile, il continua
la lutte et prit une vive part à la discussion ; il fut du nombre
des évêques qui se retirèrent avant la séance du vote suprême.
Il n'était donc pas à cette séance et ne put émettre un vote
contre la définition, comme on l'a prétendu. Comme tous les
évêques inopportunistes, — car on n'a pas pu trouver une seule
exception, — Mgr Dupanloup s'est soumis à la décision du concile approuvée par le Pape ; l'Eglise avait parlé, la cause était
finie. L'évêque avait combattu, un peu trop vivement peut-être,
une définition qu'il considérait comme inopportune et même

dangereuse ; il s'inclinait devant la définition faite. Pour s'étonner de cela, comme on l'a fait, il faut méconnaître et la constitution de l'Église et le caractère et le rôle de l'évêque.

III

La première session du concile du Vatican n'était pas terminée que la guerre éclatait entre la Prusse et la France. Pendant cette guerre, Mgr Dupanloup se trouva placé dans une situation tout particulièrement difficile. Par deux fois, Orléans fut occupé par les Prussiens. La conduite de l'évêque fut telle qu'on pouvait l'attendre d'un prélat ardemment dévoué à ses diocésains et à la France. Mgr Dupanloup, en réponse à des attaques injustifiables, a raconté lui-même ce qui s'était passé dans une lettre à un journal qui l'avait calomnié et qui n'a pas essayé de répliquer. Nous aurions aimé à reproduire cette éloquente réponse, dont voici au moins la conclusion :

« Bref, et sans entrer dans plus de détails, ce que j'ai été à Orléans pendant la guerre, ce que j'ai pu y faire pour mon pays, et dans l'intérêt de nos fidèles et vaillantes populations, d'autres voix que la mienne l'ont déjà dit en des termes que leur bienveillance m'empêche de reproduire. Le maire et le conseil municipal d'alors, où siégeaient des républicains qui sont aujourd'hui dans les honneurs, voulut bien, à l'unanimité, me voter des remercîments pour mon dévoûment et les services que j'avais pu rendre. »

Mgr Dupanloup aurait pu ajouter que son élection à l'Assem-

blée nationale fut un éclatant témoignage de la reconnaissance
des populations du diocèse d'Orléans. Ce fut la réponse de
M. Cochery à un député de la gauche qui contestait l'élection.

Le rôle de Mgr Dupanloup à l'Assemblée nationale, fut important, surtout dans les questions religieuses, les seules à la discussion desquelles il se soit mêlé. Il intervint dans la discussion
d'une interpellation sur le maintien à Florence du représentant
de la France près de Victor-Emmanuel et contribua grandement
à faire voter l'ordre du jour que le gouvernement avait accepté.
Ni Mgr Dupanloup, ni d'autres députés catholiques ne pouvaient prévoir que cet ordre du jour serait suivi de concessions
qu'ils repoussaient. Ce fut Mgr Dupanloup qui fit inscrire dans
la loi militaire l'article garantissant aux soldats catholiques
toute liberté pour l'exercice de leur culte, et en exécution de cet
article il fit voter la loi de l'aumônerie militaire qu'avaient pro-
posée MM. Fresneau et Carron. Enfin, il prit une grande part à
la discussion de la loi sur la liberté de l'enseignement supérieur,
complément nécessaire de la loi Falloux, à laquelle il avait tra-
vaillé, et à défaut du droit de collation des grades, il contribua
à faire voter les jurys mixtes. En dehors de ces importantes
discussions, nous devons signaler l'intervention du prélat auprès du comte de Chambord pour obtenir des concessions que
l'héritier légitime de la couronne de France ne crut pas devoir
faire.

L'Assemblée nationale, par la constitution qu'elle avait votée,
s'était réservé la nomination de 75 sénateurs inamovibles. La
plupart des sénateurs élus appartenaient à la gauche, grâce à

une entente entre cette fraction de l'Assemblée et une partie de l'extrême droite. Mgr Dupanloup fut, avec les généraux d'Aurelle et de Cissey, un des rares sénateurs inamovibles élus par la droite. Il a continué au Sénat, autant que sa santé le lui a permis, le rôle qu'il avait joué à l'Assemblée nationale. La loi sur l'enseignement supérieur, attaquée par le gouvernement lui-même, a trouvé en lui un défenseur ardent et convaincu, et le Sénat a repoussé, à une majorité de 3 voix, la suppression des jurys mixtes, déjà votée par la Chambre des députés avant même que ces jurys aient pu fonctionner.

Tout récemment, à l'occasion du centenaire de Voltaire, Mgr Dupanloup, avec une ardeur toute juvénile, a repris le rôle qu'il avait joué avec tant d'éclat sous l'empire, soit pour la question romaine, soit à l'occasion des dangereuses innovations du ministre Duruy. Aux conseillers municipaux de Paris qui voulaient faire du centenaire de Voltaire une fête publique, il a adressé plusieurs lettres dans lesquelles il leur montre ce qu'était leur triste héros. Ces lettres, répandues à des milliers d'exemplaires, ont fait connaître le philosophe de Ferney, et sa réputation n'y gagnera pas. Bien des hommes de bonne foi qui admiraient de confiance le précurseur de la Révolution, le défenseur de Calas et de Lally, l'apôtre de la tolérance, sont aujourd'hui éclairés sur le flatteur du roi de Prusse, sur le français qui reniait sa patrie, sur l'insulteur de Jeanne d'Arc. L'insulteur de Jeanne d'Arc, c'était peut-être par là que le cynique écrivain devait être le plus odieux à Mgr Dupanloup. L'évêque d'Orléans professe un culte pour la chaste héroïne que

Dieu a suscitée au quinzième siècle pour la délivrance d'Orléans et le salut de la France. Il a toujours cherché à rehausser l'éclat des fêtes qu'Orléans célèbre chaque année en l'honneur de Jeanne, pour l'anniversaire de sa délivrance. Il a fait appel aux orateurs les plus renommés pour faire le panégyrique de la Pucelle que, par deux fois, il a prononcé lui-même. Une année où de nombreux prélats étaient réunis à Orléans, il leur a fait signer une demande pour l'introduction de la cause de béatification et de canonisation de Jeanne, et, depuis cette époque, il n'a cessé de poursuivre ce dessein, dont la réalisation serait si douce au cœur des catholiques français. Comment, après cela, pourrait-il pardonner à Voltaire l'ignoble poëme de la *Pucelle?* Si, du reste, Mgr Dupanloup, en adressant une question à M. Dufaure, n'a pas obtenu pleine satisfaction au sujet du centenaire, au moins a-t-il empêché la fête publique. De plus, comme protestation contre ce centenaire, il a entrepris de rétablir le monument élevé jadis à la place même où Jeanne avait mis en déroute les Anglais et délivré Orléans. Il le fera.

Pour être complet, il nous faudrait maintenant examiner dans Mgr Dupanloup l'écrivain et l'orateur; mais ils sont suffisamment connus. Il nous faudrait parler de son activité, de sa rare puissance de travail que n'a pas diminuée la perte d'un œil; quoique cela le fatigue, il lit beaucoup ; de plus, il se fait lire, et une excellente mémoire lui permet de se rappeler ce qu'on lui a lu. Nous aurions à parler de l'administration de son diocèse, maintenant confiée en grande partie à un coadjuteur, Mgr Couillé. Mais la place nous manque, et d'ailleurs

Mgr l'évêque d'Orléans est de ces hommes que l'on connaît surtout par leur vie publique.

Au physique, Mgr Dupanloup est de taille assez haute; jusqu'à ses dernières années, il avait la maigreur des tempéraments actifs et ardents. On le rencontrait souvent dans les rues d'Orléans, marchant d'un pas rapide, et toujours le chapeau à la main. Quelque froid qu'il fasse, il est rare que Mgr Dupanloup ait la tête couverte; il semble que sa tête, toujours en travail, ait besoin du contact immédiat de l'air. Les Orléanais se découvrent respectueusement devant le prélat; les étrangers qui ne le connaissent pas, s'arrêtent; ils contemplent avec une curiosité respectueuse la tête fine et intelligente du prélat qu'on n'a pas besoin de leur nommer

AMAND VILLIERS

L'ÉPISCOPAT

Biographie

DES ILLUSTRATIONS DU CLERGÉ

FRANÇAIS ET ÉTRANGER

LE CARDINAL GUIBERT

Archevêque de Paris.

Portrait gravé à l'eau-forte par CHARBONNEL

PARIS

DIRECTION : RUE D'ABOUKIR, 9

1878

2ᵉ *Livraison.* Prix : 1 *fr.* 50.

AMAND VILLIERS

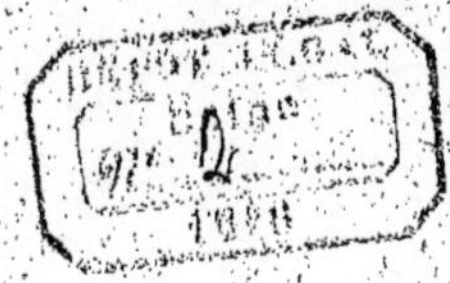

L'ÉPISCOPAT

BIOGRAPHIE

DES ILLUSTRATIONS DU CLERGÉ

FRANÇAIS ET ÉTRANGER

LE CARDINAL DECHAMPS

Archevêque de Malines

Portrait gravé à l'eau-forte par MUZELLE

PARIS

DIRECTION : RUE D'ABOUKIR, 9

1878

3ᵉ *Livraison.*   *Prix : 1 fr. 50.*

AMAND VILLIERS

L'ÉPISCOPAT

BIOGRAPHIE

DES ILLUSTRATIONS DU CLERGÉ

FRANÇAIS ET ÉTRANGER

LE PAPE LÉON XIII

Portrait gravé à l'eau-forte par MUZELLE

PARIS

DIRECTION : RUE D'ABOUKIR, 9

1878

4ᵉ Livraison.   Prix : 1 fr. 50

L'ÉPISCOPAT

BIOGRAPHIE

DES ILLUSTRATIONS DU CLERGÉ

FRANÇAIS ET ÉTRANGER

LE CARDINAL DONNET

ARCHEVÊQUE DE BORDEAUX

Portrait gravé à l'eau-forte par MUZELLE

PARIS

DIRECTION : RUE D'ABOUKIR, 9

1878

5e Livraison.   Prix : 1 fr. 50.

AMAND VILLIERS

L'ÉPISCOPAT

Biographie

DES ILLUSTRATIONS DU CLERGÉ

FRANÇAIS ET ÉTRANGER

MGR DUPANLOUP

ÉVÊQUE D'ORLÉANS

Portrait gravé à l'eau-forte, par MUZELLE

PARIS

DIRECTION : RUE D'ABOUKIR, 9

1878

6e Livraison.　　　　　Prix : 1 fr. 50

www.ingramcontent.com/pod-product-compliance
Ingram Content Group UK Ltd.
Pitfield, Milton Keynes, MK11 3LW, UK
UKHW021220140726
13695UKWH00002B/667